생태 돋보기로
다시 읽는
고사성어

혜윰 선생님과 생태학 박사들의 슬기로운 대화!
정보 제공 및 내용 감수에 참여한 국립생태원 연구원

고은하(감사실)	김두환(동물관리연구실)
노민철(경영기획실)	도재화(식물관리연구실)
박기현(생태조사연구실)	안정섭(대외협력실)
오우석(생태조사연구실)	옥기영(생태평가연구실)
우승현(생태평가연구실)	이규상(운영지원실)
이윤경(생태조사연구실)	이희천(식물관리연구실)
정길상(기후생태연구실)	주종우(동물관리연구실)
차진열(생태조사연구실)	홍의정(생태조사연구실)

생태 돋보기로 다시 읽는 고사성어

발행일 2020년 8월 20일 초판 1쇄 발행

엮음 국립생태원
그림 권영묵, 김준영, 홍선주, 김경수
발행인 박용목
책임편집 유연봉 | **편집** 문혜영 | **본문구성·진행** 아이핑크
디자인 파피루스 | 사진 국립생태원(강동원, 김두환, 윤주덕), 국립산림과학원(유림), 국립생물자원관(현진오), 국립중앙박물관, 울진군청(권민철), 문영진, 위키미디어, Shutterstock
발행처 국립생태원 출판부 | 신고번호 제458-2015-000002호(2015년 7월 17일)
주소 충남 서천군 마서면 금강로 1210 / www.nie.re.kr
문의 041-950-5999 / press@nie.re.kr

ⓒ 국립생태원 National Institute of Ecology, 2020
ISBN 979-11-90518-84-0
　　　 979-11-86197-38-7(세트)

※ 이 책에 실린 모든 글과 그림을 저작권자의 허락 없이 무단으로 사용하거나
　복사하여 배포하는 것은 저작권을 침해하는 것입니다.

⚠ **주의** 다칠 우려가 있습니다. 본 도서를 던지거나 떨어뜨리지 않도록 주의하십시오.
　　　 고온 다습한 장소나 직사광선이 닿는 장소에는 보관을 피해 주십시오.

생태 돋보기로 다시 읽는 고사성어

국립생태원 엮음 | **권영묵** 외 그림

국립생태원
NIE PRESS

머리말

짧은 말 속에 옛사람들의 지혜를 담은
고사성어 이야기를 혜윰 선생님이 들려줄게!

　애들아, 안녕? 나는 책 읽는 사람들과 온갖 책들로 가득한 도서관에서 사서로 일하고 있는 혜윰 선생님이야. 선생님은 글자를 제대로 알지도 못하던 어릴 때부터 책을 손에서 놓지 않았단다. 책을 워낙 많이 읽어서인지 또래 친구들에 비해 어려운 한자어들도 곧잘 쓰고는 했지. 그런데 혹시 생활 속 어떤 특정한 상황에서 쓰는 말들을 들어 본 적이 있니? '금상첨화', '설상가상', '동고동락'…… 이런 말들 말이야. 이런 말들을 '고사성어'라고 하는데, 한자로 된 말이라고 해서 '한자성어'라고도 하지.

　중국과 가까운 우리나라도 오래전부터 한자를 써 왔던 것 잘 알고 있지? '고사성어'는 주로 중국의 역사나 고전 속에 등장하는 옛이야기에서 나온 말들로, 어떤 상황이나 교훈을 아주 간단한 말로 상징할 때 많이 쓰여. 이런 고사성어 중에는 중국의 옛이야기에서 유래한 것도 있지만, 우리 속담 속에서 나온 말들도 있지. 한자 뜻만 놓고 보면 '이게 무슨 말이지?' 하는 친구들도 있을 거야. 그래서 고사성어에 얽힌 이야기들을 선생님이 쉽게 풀어서 들려주려고 해. 유래가 정확하지 않은 것들은 친구들이 겪을 수 있는 요즘 상황에 빗대어 이야기해 줄 거야. 아마 선생님의 이야기를 들으면서 '아하, 이럴 때 이 말을 쓰는구나!' 하고 무릎을 딱 치는 친구들이 많을 거야. 아주 오랜 시간 사람들의 입에 오르내려 온 지혜의 말들 속으로 떠나 볼까?

책 속에 담긴 삶의 지혜를 찾는
혜윰 선생님이

고사성어 속 생태 궁금증을 푸름 박사가 풀어 줄게!

　세상 많은 동물과 식물에 관한 책이라면 이 푸름 박사도 어릴 때부터 책벌레라고 할 수 있을 만큼 많이 읽었어. 그런데 혜윰 선생님은 어릴 때부터 어려운 말도 곧잘 썼다니 얼마나 많은 책을 읽으면 그 정도가 될까? 더구나 그 어려운 한자어도 척척 썼다니 정말 존경스러워. 혜윰 선생님 덕분에 나도 이번 기회에 한자 공부 좀 해 볼까 하고 고사성어 이야기를 살펴보는데, 또 생태 연구자로서 못 말리는 호기심이 발동하지 뭐야? 우리가 생활 속에서 습관적으로 많이 써 오는 고사성어 속에는 동물이나 식물과 관련된 것들이 꽤 많더구나. '결초보은'은 '풀을 묶어서 은혜를 갚는다'는 뜻인데, 도대체 어떤 풀들을 묶는다는 것일까? '당랑거철'은 '사마귀가 큰 수레바퀴를 막는다'는 뜻인데, 사마귀는 어떤 성질을 가진 곤충이기에 수레바퀴 앞을 막아선다는 것이지?

　어때, 너희도 막 호기심이 생기지 않니? 그래서 이 푸름 박사는 바로 결심했지. 혜윰 선생님이 들려주는 고사성어 속 동식물들에 대한 너희들의 호기심을 완벽하게 해결해 주기로 말이야. 고사성어에 얽힌 재미난 옛이야기와, 그 속에 등장하는 동식물에 대한 생태 이야기까지. 이거야말로 '일거양득', '금상첨화' 아니겠니?

국립생태원 연구원
푸름 박사가

차례

머리말 6

다시 읽는 고사성어 01 | 각골난망 _ 뼈에 새기며 잊지 않는다 12
푸름 박사의 생태 이야기 | 뼈가 없는 동물도 있을까? 14

다시 읽는 고사성어 02 | 강계지성 _ 오래될수록 매워지는 생강과 계수나무 16
푸름 박사의 생태 이야기 | 자랄수록 매운맛을 내는 식물이 있다고? 18

다시 읽는 고사성어 03 | 견문발검 _ 모기를 보고 칼을 뺀다 20
푸름 박사의 생태 이야기 | 하루에 모기를 3천 마리씩 잡아먹는 박쥐가 있다고? 22

다시 읽는 고사성어 04 | 결초보은 _ 풀을 맺어 은혜를 갚는다 24
푸름 박사의 생태 이야기 | 장난꾸러기들이 풀을 묶어 장난을 쳤다고? 28

다시 읽는 고사성어 05 | 교각살우 _ 뿔을 바로잡으려다 소를 죽인다 30
푸름 박사의 생태 이야기 | 소의 뿔을 일부러 뽑는 일이 있을까? 32

다시 읽는 고사성어 06 | 구밀복검 _ 입에 꿀을 바르고 배에 칼을 품는다 34
푸름 박사의 생태 이야기 | 곤충을 유혹하여 잡아먹는 식물이 있다고? 38

다시 읽는 고사성어 07 | 군계일학 _ 닭의 무리 중에 한 마리의 학 40
푸름 박사의 생태 이야기 | 학만큼 겉모습이 눈에 띄는 닭이 있다고? 42

다시 읽는 고사성어 08 | 금상첨화 _ 비단 위에 꽃을 보탠다 44
푸름 박사의 생태 이야기 | 비단 주머니를 닮은 꽃이 있다고? 46

다시 읽는 고사성어 09 | 낙양지귀 _ 낙양의 종이 값이 오른다 48
푸름 박사의 생태 이야기 | 종이를 만드는 나무가 있다고? 50

다시 읽는 고사성어 10 | 남귤북지 _ 남쪽의 귤을 북쪽으로 옮겨 심으면 탱자가 된다 52
푸름 박사의 생태 이야기 | 귤나무는 우리나라 남쪽의 맨 끝에서 자란다고? 54

| 다시 읽는 고사성어 11 | 다재다능 _ 재주가 많고 능력이 많다 56
| 푸름 박사의 생태 이야기 | 몸 색깔을 자유자재로 바꾸는 바다 동물은? 58

| 다시 읽는 고사성어 12 | 당랑거철 _ 사마귀가 수레바퀴를 막는다 60
| 푸름 박사의 생태 이야기 | 사마귀는 자기 몸보다 더 큰 곤충에게 덤빈다고? 62

| 다시 읽는 고사성어 13 | 동고동락 _ 괴로움과 즐거움을 같이하다 64
| 푸름 박사의 생태 이야기 | 사람처럼 동고동락하는 생물들이 있다고? 66

| 다시 읽는 고사성어 14 | 면장우피 _ 얼굴에 쇠가죽을 둘렀다 68
| 푸름 박사의 생태 이야기 | 동물마다 감각 기관이 각각 다르다고? 70

| 다시 읽는 고사성어 15 | 박장대소 _ 손바닥을 치며 크게 웃는다 72
| 푸름 박사의 생태 이야기 | 박수를 치는 동물이 있다고? 74

| 다시 읽는 고사성어 16 | 사상누각 _ 모래 위에 세운 다락집 76
| 푸름 박사의 생태 이야기 | 모래에 집을 짓는 동물이 있다고? 80

| 다시 읽는 고사성어 17 | 사족 _ 뱀의 발 82
| 푸름 박사의 생태 이야기 | 다리가 있어도 사용하지 않는 동물은? 84

| 다시 읽는 고사성어 18 | 살신성인 _ 자신의 몸을 던져 바른 일을 이룬다 86
| 푸름 박사의 생태 이야기 | 새끼에게 자기 몸을 먹이로 내주는 거미가 있다고? 88

| 다시 읽는 고사성어 19 | 선견지명 _ 먼저 보는 밝은 눈 90
| 푸름 박사의 생태 이야기 | 조개껍데기를 한 번에 박살내는 가재가 있다고? 92

| 다시 읽는 고사성어 20 | 세한송백 _ 추운 겨울의 소나무와 측백나무(잣나무) 94
| 푸름 박사의 생태 이야기 | 측백나무는 추운 곳에서도 살아남는다고? 96

| 다시 읽는 고사성어 21 | 송무백열 _ 소나무가 무성하면 측백나무(잣나무)가 기뻐한다 98
| 푸름 박사의 생태 이야기 | 소나무가 무성하면 기뻐할 생물이 또 있다고? 100

| 다시 읽는 고사성어 22 | 수어지교 _ 물과 물고기의 사이 102
| 푸름 박사의 생태 이야기 | 물고기와 특별한 사이인 바다 동물은? 106

| 다시 읽는 고사성어 23 | 숙맥불변 _ 콩인지 보리인지 분별하지 못한다 108
| 푸름 박사의 생태 이야기 | 보리와 구분이 잘 안되는 식물이 있다고? 110

| 다시 읽는 고사성어 24 | 순망치한 _ 입술이 없으면 이가 시리다 112
| 푸름 박사의 생태 이야기 | 이빨이 없는 동물도 있을까? 114

| 다시 읽는 고사성어 25 | 십시일반 _ 밥 열 숟가락이 모여 한 그릇이 된다 116
| 푸름 박사의 생태 이야기 | 협동을 아주 잘하는 동물 무리가 있다고? 118

| 다시 읽는 고사성어 26 | 아전인수 _ 내 논에 물을 끌어들인다 120
| 푸름 박사의 생태 이야기 | 논에는 어떤 동물들이 살고 있을까? 124

| 다시 읽는 고사성어 27 | 앙급지어 _ 재앙이 연못의 물고기에게 미친다 126
| 푸름 박사의 생태 이야기 | 많은 물고기들이 재앙을 입고 있다고? 128

| 다시 읽는 고사성어 28 | 약방감초 _ 약방에 감초 130
| 푸름 박사의 생태 이야기 | 단맛을 내는 뿌리가 약이 되는 식물이 있다고? 134

| 다시 읽는 고사성어 29 | 어부지리 _ 어부의 이로움 136
| 푸름 박사의 생태 이야기 | 무는 힘이 강한 조개가 있다고? 138

| 다시 읽는 고사성어 30 | 오동단각 _ 오동나무가 뿔을 자른다 140
| 푸름 박사의 생태 이야기 | 우리나라에서 가장 빨리 자라는 나무는? 142

다시 읽는 고사성어 31 | 옹리혜계_ 독 안의 초파리 144
푸름 박사의 생태 이야기 | 초파리는 1킬로미터 밖에서도 냄새를 맡는다고? 146

다시 읽는 고사성어 32 | 용두사미_ 머리는 용, 꼬리는 뱀 148
푸름 박사의 생태 이야기 | 용이라 불리는 동물이 있다고? 150

다시 읽는 고사성어 33 | 유구무언_ 입이 있지만 말이 없다 152
푸름 박사의 생태 이야기 | 입은 있지만 소리 내지 못하는 동물은? 156

다시 읽는 고사성어 34 | 유비무환_ 준비가 잘되어 있으면 근심이 없다 158
푸름 박사의 생태 이야기 | 미리미리 대비해서 꼼꼼히 집을 짓는 새가 있다고? 160

다시 읽는 고사성어 35 | 일엽지추_ 하나의 나뭇잎으로 가을을 안다 162
푸름 박사의 생태 이야기 | 가을을 대표하는 국화는 나무일까, 풀일까? 164

다시 읽는 고사성어 36 | 일장춘몽_ 한바탕 봄꿈을 꾼다 166
푸름 박사의 생태 이야기 | 동물들도 꿈을 꿀까? 168

다시 읽는 고사성어 37 | 형설지공_ 개똥벌레와 눈의 빛으로 이뤄 낸 공적 170
푸름 박사의 생태 이야기 | 몸에서 빛을 내는 동물이 있다고? 174

다시 읽는 고사성어 38 | 호접지몽_ 나비가 된 꿈 176
푸름 박사의 생태 이야기 | 다른 곤충과 한 몸이 되는 동물이 있다고? 178

다시 읽는 고사성어 39 | 화룡점정_ 용 그림에 눈동자 점 180
푸름 박사의 생태 이야기 | 몸에 점이 없다면 어색할 것 같은 동물이 있다고? 184

다시 읽는 고사성어 40 | 화호유구_ 호랑이 그림을 그리려다 개를 닮은 그림이 되다 186
푸름 박사의 생태 이야기 | 자기보다 강한 적을 흉내 내는 동물이 있다고? 188

찾아보기 190

다시 읽는 고사성어 01

각골난망(刻骨難忘)

뼈에 새기며 잊지 않는다

옛날 중국 전국 시대 때의 일이야. 전국 시대는 기원전 403년부터 중국을 진나라가 통일한 기원전 221년 사이에 여러 제후국들이 힘을 겨루던 어지럽고 혼란했던 시기란다. 그 제후국 중 하나인 한나라에서 나라의 재물을 보관하고 관리하는 일을 맡은 벼슬아치가 있었어. 어느 날 이 벼슬아치가 관리하던 나라 재물의 일부가 사라졌지.

사람들을 시켜 찾아보게 했지만, 어떻게 사라졌는지 도저히 알아낼 길이 없었어. 벼슬아치는 하루하루 근심이 쌓여 갔지.

"이를 어쩐단 말인가! 나라의 재물을 제대로 관리하지 못한 중죄로 벌을 받아 이 목숨을 부지하기 어려울 터. 또한 그만큼의 재물을 채워 넣을 만한 재산이 내게는 없으니, 이제 나는 이렇게 죽는 것인가……."

시름시름 앓으며 다 죽게 된 벼슬아치에게 평소에 티격태격 사이가 좋지 않던 친구가 찾아와 말했어.

"사람 목숨보다 재물이 중요하겠는가? 잃어버린 나랏돈을 내가 우선 빌려줄 터이니 얼른 털고 일어나시게."

그 말에 벼슬아치는 친구의 손을 꼭 잡고 말했단다.

"이 은혜 **각골난망**이네! 고마우이. 내 죽어서도 결코 잊지 않겠네."

각골난망은 뼈에 새길 만큼 잊기 어렵다는 뜻으로, 그만큼 다른 사람으로부터 입은 은혜가 클 때 쓰는 말이야. 친구나 주변 사람들에게 각골난망의 고마움을 느낀 적이 있니?

* 각골난망 : 刻(새길 각) 骨(뼈 골) 難(어려울 난) 忘(잊을 망)

뼈가 없는 동물도 있을까?

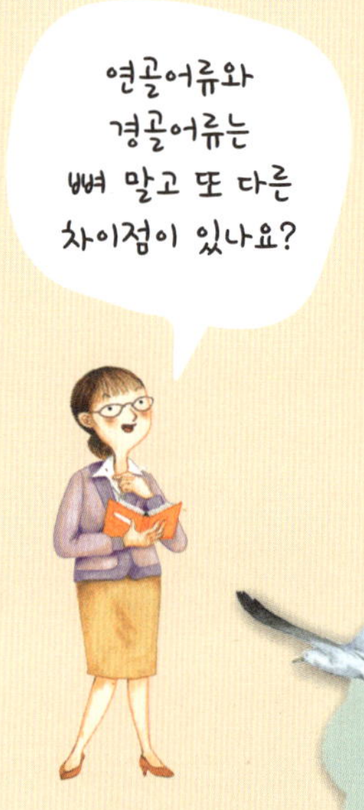

뼈에 새길 만한 은혜라는 건, 아마 단단한 뼈에 새길 만큼 절대 잊을 수 없는 것이라는 뜻일 거야. 뼈는 우리 몸을 지탱시켜 줄 만큼 아주 단단한 물질로 되어 있지. 그런데 혹시 뼈가 없는 동물도 있을까? 사실 동물은 뼈가 있는지 없는지로 그 종류를 크게 등뼈가 있는 '척추동물'과 등뼈가 없는 '무척추동물'로 나눠.

연골어류와 경골어류는 뼈 말고 또 다른 차이점이 있나요?

▼ 척추동물을 제외하고는 모두 무척추동물이야.

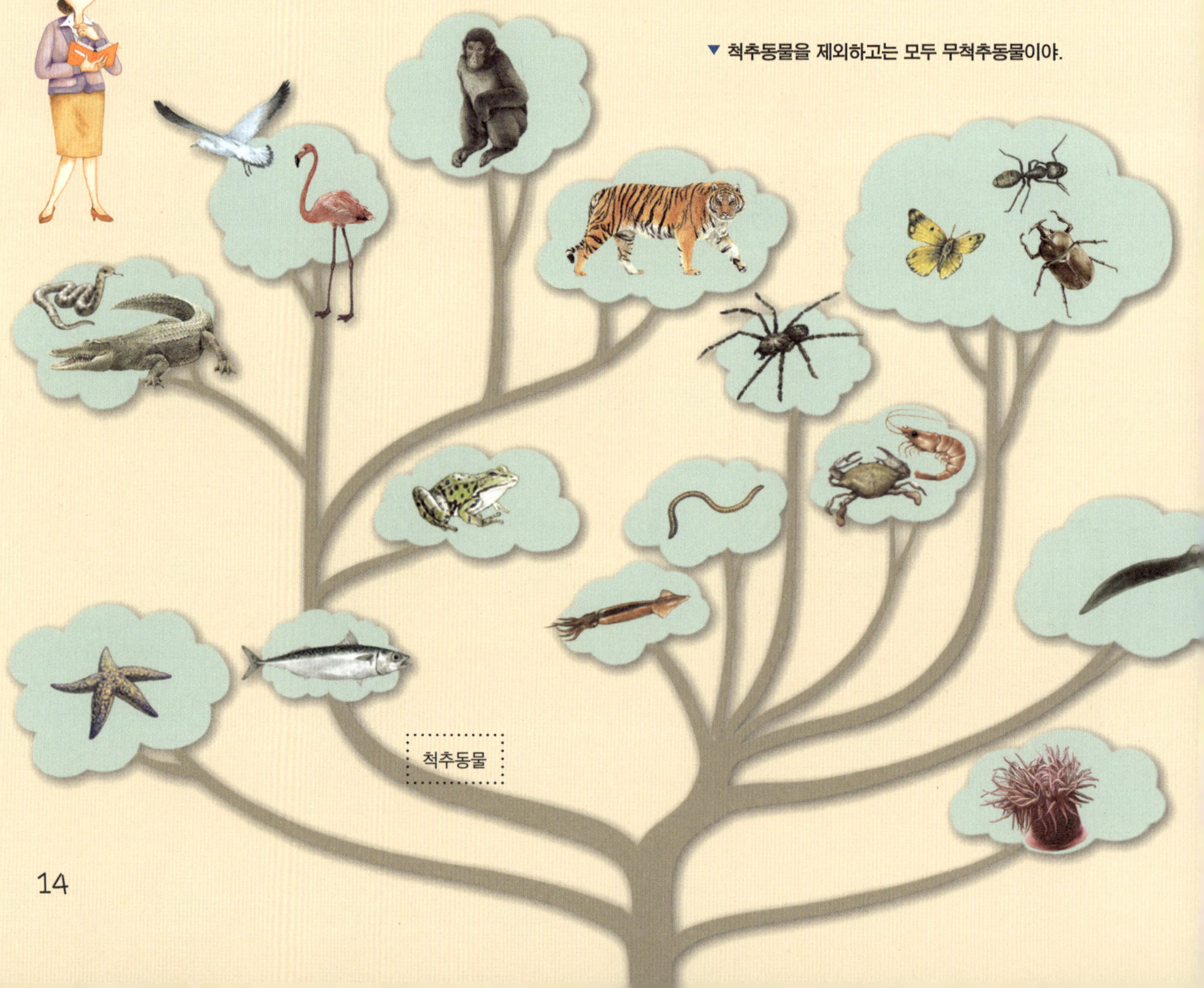

척추동물

호랑이, 사자, 곰, 원숭이, 소, 양처럼 새끼를 낳아 젖을 먹여 키우는 포유동물, 물속에 사는 물고기, 하늘을 나는 새, 뱀이나 악어와 같은 파충류 등이 등뼈가 있는 척추동물이야. 반면에 등뼈가 없는 무척추동물에는 오징어나 달팽이처럼 몸이 흐물흐물한 연체동물, 지렁이처럼 몸이 긴 원통 모양인 환형동물, 플라나리아처럼 몸이 납작한 편형동물, 말미잘처럼 입과 항문의 구별이 없는 강장동물, 거미나 지네, 새우나 게처럼 몸이 여러 개의 마디로 되어 있는 절지동물, 불가사리처럼 몸이 딱딱한 껍데기로 싸인 극피동물 등이 있어.

척추동물이라고 해서 뼈가 모두 같지는 않아. 새처럼 잘 날기 위해 뼈 중간이 비어 있는 동물이 있는가 하면, 단단한 뼈를 가진 동물과 물렁한 뼈를 가진 동물이 있어. 물고기 중에서도 상어, 가오리, 홍어와 같은 것들은 물렁한 뼈를 가지고 있어서 '연골어류'라고 불러. 반면에 고등어, 참치, 청어 등 단단한 뼈를 가지고 있는 물고기를 '경골어류'라고 부른단다.

메기류나 망둑어류를 제외하고, 경골어류는 대부분 부레와 비늘이 있지요.

동물의 뼈에 새긴 글자

아주 먼 옛날, 고대 중국에는 거북의 등딱지나 동물의 뼈에 새겼던 글자가 있었는데, 이것을 '갑골 문자'라고 해. 지금 우리가 쓰고 있는 한자의 가장 오래된 형태로 추측되고 있지. 이 갑골 문자로 기록된 내용은 주로 옛날 사람들이 점을 친 결과에 대한 것이라고 해. 그런데 중국에서는 갑골 문자보다도 천 여 년 정도 더 오래된 것으로 보이는 '골각 문자'를 중국 최초의 문자로 보기도 해. 골각 문자는 소뼈와 같이 동물의 넓적하고 큰 뼈에 새겨진 문자들이란다.

◀ 갑골 문자 유물이야.

다시 읽는 고사성어 02

강계지성(薑桂之性)
오래될수록 매워지는 생강과 계수나무

"할아버지가 얼마나 좋아하실까?"

지언이는 돌아오는 외할아버지 생신 선물로 준비한 새 운동화를 보고 또 보며 배시시 웃었어. 매일 새벽마다 조깅을 하시는 외할아버지의 운동화가 낡은 것을 보고는 몇 달 동안 용돈을 모아 새 운동화를 샀거든. 드디어 외할아버지 생신날이 되었어.

"할아버지, 짜잔! 낡은 운동화 버리시고, 이거 신으세요."

외할아버지는 분명 좋아하는 것 같은 얼굴이면서도 손을 휘휘 저었어.

"멀쩡한 운동화를 버리라니? 아직 새 운동화 필요없단다."

지언이는 기껏 생각해서 산 선물을 외할아버지가 좋아하시지 않는 것 같아 힘이 쫙 빠졌어. 외할아버지는 평소에도 언제 샀는지 모를 낡은 옷에 낡은 시계, 낡은 안경을 쓰곤 했거든.

"할아버지는 정말 이상해! 낡아 빠진 물건들이 뭐 좋다고……."

입을 삐쭉 내밀고 있는 지언이에게 엄마가 말했어.

"할아버지야말로 **강계지성**의 성품을 지니신 거야. 할아버지는 어릴 때부터 물건을 아껴 쓰고 함부로 버리지 않아야 한다고 배우셨대. 이 엄마도 어릴 때부터 할아버지한테 귀에 못이 박히게 들었지. 나이가 드실수록, 평생 절약하고 아껴 써야 한다는 신념은 더 강해지시는 것 같구나."

 강계지성은 오래될수록 매워지는 생강과 향을 내는 계수나무처럼 나이 들수록 강직해지는 성품을 말해. 나이 들수록 어떤 성품을 가진 사람이 되면 좋을지 한번 생각해 보자.

* 강계지성 : 薑(생강 강) 桂(계수나무 계) 之(갈 지) 性(성품 성)

자랄수록 매운맛을 내는 식물이 있다고?

▶ 생강의 뿌리줄기는 울퉁불퉁한 덩이로 자라.

생강은 몸을 따뜻하게 하고 열이나 기침을 다스리는 효과가 있어서 예부터 감기약으로 많이 썼지요.

　나이들수록 강직해지는 성품을 왜 생강의 성질로 나타냈을까? 강직하다는 것은 마음이 꼿꼿하고 곧은 것을 뜻해. 그 꼿꼿하고 곧은 마음을 향기가 강하고 톡 쏘는 매운맛이 있으면서도, 사람에게 좋은 약효가 있는 생강의 성질과 닮은 것이라고 한 거야. 그럼, 생강은 어떤 식물일까?
　생강은 아시아 남동부 쪽이 원산지인데, 뿌리줄기를 먹으려고 일부러 심어 기르는 여러해살이풀이야. 옛 기록에 의하면 우리나라에서 심어 기른 지는 천 년도 넘었지. 생강은 원래 따뜻한 열대나 아열대 지방에서 여러해살이풀로 자라지만, 우리나라에서는 추운 겨울을 나기 어렵기 때문에 해마다 심어서 재배하고 있어.
　우리가 먹는 부분인 생강의 뿌리줄기는 옆으로 뻗어 덩이로 자라나는데, 울퉁불퉁하고 마디가 있는 황색이야. 이 마디에서 줄기가 곧

게 자라나는데, 끝이 길고 가
늘어서 꼭 옥수수 잎처럼 생
긴 잎이 나. 늦은 봄이나 이
른 가을에는 뿌리줄기에서
나온 꽃대에 노란 꽃이 피는
데, 우리나라에서 자라는 생
강은 꽃이 잘 피지 않아.

▲ 생강차는 가래나 두통에 효과가 있다고 해.

생강의 뿌리줄기는 향이 진하고, 톡 쏘는 매운맛이 있기 때문에 김치 등의 양념으로 많이 넣어 먹어. 또 차로 끓여서 먹기도 하고, 말려서 과자처럼 먹기도 할 뿐만 아니라 향료나 약재로도 많이 쓴단다.

단풍이 들면 향기를 내는 계수나무

자랄수록 매운 향을 내는 생강처럼, 자랄수록 향을 내는 나무가 있는데, 바로 계수나무야. 계수나무는 중국과 일본이 고향인데, 우리나라로 들어와 적응해 귀화 식물이 된 큰키나무야. 지금은 아시아의 동쪽 온대 지방에서만 자라는 귀한 나무란다. 5월이 되면 잎이 나기 전에 붉은 꽃을 피우고, 하트 모양의 잎은 가을이 되면 노랗게 단풍이 들기 시작해. 단풍이 들기 시작한 계수나무는 달콤한 향기를 풍기지.
흔히들 향료나 약재, 차로 많이 이용되는 계피를 계수나무 껍질로 잘못 알고 있는데, 사실 계피는 육계나무의 껍질을 말린 것이란다.

생강과는 전혀 다른 식물인데, 꽃봉오리나 새잎에서 생강 냄새가 나서 '생강나무'라고 불리는 나무도 있답니다.

◀ 단풍이 든 계수나무야.

다시 읽는 고사성어 03

견문발검(見蚊拔劍)
모기를 보고 칼을 뺀다

"아, 밤새 모기 때문에 한숨도 못 잤어!"

늦잠을 잔 민채는 급하게 학교 갈 준비를 하느라 발을 동동거렸어. 한여름 더위가 기승을 부려 밤새 더웠던 데다, 모기 한 마리가 귓가에서 계속 앵앵대서 제대로 못 잤거든. 또 하필이면 모기가 눈꺼풀을 물어 버린 바람에 눈이 퉁퉁 부어오른 거야.

겨우 학교에 간 민채 얼굴을 보고 친구들이 놀라서 물었어.

"민채야, 너 눈 왜 그래? 심하게 퉁퉁 부었는데?"

"얄미운 모기가 하필 눈꺼풀을 물었지 뭐야."

학교에서 집으로 돌아온 민채에게 엄마가 벌레에 물린 데 바르는 약을 조심조심 발라 주면서 말했어.

"민채야, 많이 가렵겠지만 자꾸 긁으면 더 부으니까 조금만 참아. 엄마가 오늘은 전자 모기향 사다 틀어 줄게."

밤이 되어 잘 준비를 하던 민채는 또 모기에게 물릴까 걱정이 되었어.

그래서 잠옷 위에 가장 두꺼운 옷을 껴입고, 모자에 마스크, 장갑까지 끼고는 이불을 폭 뒤집어썼지.

민채의 모습을 본 엄마가 깔깔 웃으며 말했어.

"호호, **견문발검**이라더니, 우리 민채가 지금 딱 그 모양이네!"

 견문발검은 모기를 보고 칼을 뽑는다는 뜻으로, 아주 사소한 일에 지나치게 큰 대책을 세울 때나, 별것 아닌 작은 일에 크게 화를 내며 덤비는 모습을 빗대어 쓰는 말이란다.
* 견문발검 : 見(볼 견) 蚊(모기 문) 拔(뽑을 발) 劍(칼 검)

 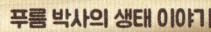

하루에 모기를 3천 마리씩 잡아먹는 박쥐가 있다고?

▲ 집박쥐는 애기박쥣과에 속하는 박쥐야. 사람이 사는 집 근처에서 흔히 볼 수 있지.

전에는 한옥 서까래 등에 살던 집박쥐가 주거 환경이 바뀌면서 살 곳이 별로 없겠군요.

　아무리 작은 모기라 해도 한여름 밤 모기 때문에 잠 못 이룬 경험이 한 번쯤은 있을 거야. 사람의 피를 빨아먹으려고 앵앵대는 모기도 이 동물만큼은 두려울지 몰라. 바로 '집박쥐'야.

　박쥐 중에서도 '집박쥐'는 모기와 같은 해충을 잡아먹고 사는 동물이야. 집박쥐의 원래 고향은 필리핀이나 인도네시아, 호주 등인데 일본이나 중국, 우리나라에도 살고 있어.

　박쥐 하면 흔히 어두컴컴한 동굴 속에 사는 박쥐를 떠올리기 쉬운데, 집박쥐는 사람이 사는 집 근처 지붕 아래나 기와 밑, 벽 틈 등에서 살아. 집박쥐는 몸 크기가 아주 작고 회색을 띤 갈색 털에 귀가 짧은데, 잘 보면 생쥐나 햄스터처럼 귀여운 모습을 하고 있어. 집박쥐의 몸무게는 7~9그램 정도로, 멸강나방, 흑명나방, 흰등멸구, 모기 등의 해충을 잡아먹어. 특히 매일 밤 잡아먹는 해충의 양이 1~3그램 정도인데, 이 정도면 모기 1~3천 마리에 해당하는 양인 셈이니 어마어마하지? 집박쥐는 낮에는 잠을 자고 해가 지고 나서 어두워지면 먹이를 잡기 위해 움직인단다.

집박쥐는 주로 해충을 먹이로 하기 때문에, 해충으로 골머리를 썩는 농경지에서는 집박쥐의 덕을 톡톡히 볼 수도 있겠지?

집박쥐는 늦은 가을에 짝짓기를 하고, 암컷이 겨울잠을 자고 일어난 후 수정해서 이른 여름에 1~3마리의 새끼를 낳아. 집박쥐는 태어난 지 30일 정도 지나면 다 자라 날기 시작한단다.

집박쥐는 애기박쥣과에 속하는 동물로, 한국에서 볼 수 있는 애기박쥣과는 20여 종 정도 되는데 그 숫자가 점점 줄고 있답니다.

모기와 비슷한 각다귀

모기 중에, 다리가 아주 길고 몸이 커다란 대형 모기를 본 적이 있니? 이 대형 모기를 본 사람이라면, 보는 것만으로도 물리면 어떻게 하나 겁을 먹은 적이 있을 거야. 그런데 사실 이 벌레는 모기와 비슷하게 생겼지만, 모기가 아닌 '각다귀'라는 곤충이야.

모기와 같은 가시 바늘이 없기 때문에 동물의 피부를 찔러 피를 빨아먹지 못하고, 병균을 옮기지도 않아. 각다귀는 초원이다 물가를 천천히 날아다니고, 흐르는 물속이나 축축한 흙 등에서 살아간단다. 농작물의 뿌리를 먹기도 해서 농사를 방해하기도 하지만, 나무의 수액이나 꽃의 꿀을 빨아먹으면서 꽃가루를 옮겨 주기도 해. 우리나라에는 10속 73종이 살고 있단다.

▶ 각다귀는 모기랑 비슷하지만, 몸길이가 2센티미터 정도로 모기보다 커.

고사성어 04 다시 읽는

결초보은(結草報恩)
풀을 맺어 은혜를 갚는다

중국 춘추 시대 진(晉)나라 때의 이야기야. 진나라에 '위무자'라는 사람이 있었어. 그에게는 둘째 부인이 있었는데, 둘째 부인과의 사이에는 자식이 없었지.

세월이 흘러 위무자는 병에 걸렸어. 좀처럼 병세가 나아질 기미가 보이지 않자, 위무자는 자신의 아들인 '위과'를 불러다 놓고 자신의 둘째 부인을 부탁하며 말했어.

"내가 죽거든, 다른 사람과 다시 혼인할 수 있도록 하여라."

그런데 위무자의 병은 갈수록 심해졌고, 하루 이틀을 넘기기가 어려울 지경이 되었어. 위무자는 다시 아들을 불러 간신히 말을 내뱉었지.

"지난번에 네게 했던 부탁은 잊어라. 내가 죽거든 나의 둘째 부인을 나와 함께 묻어 다오."

위무자는 결국 숨을 거두고 말았어. 위과는 위무자의 둘째 부인을 불러 이렇게 말했지.

"아버님의 병이 심해져 돌아가시기 전에는 정신이 혼란스러웠을 것입니다. 아버님의 병이 심해지기 전에 부탁하신 말씀대로, 다른 이와 혼인하여 새 인생을 사시오."

시간이 흘러 진나라는 다른 나라의 공격을 받게 되었고, 위과도 전쟁에 나가 싸우게 되었어. 위과가 적장을 맞아 나간 싸움터엔 풀들이 무성하게 자라 있었는데, 풀 모양이 어딘지 모르게 이상했어.
"풀들이 왜 묶여 있지?"
위과를 공격하던 적장의 군사들은 풀들에 걸려 넘어지기 시작했고, 결국 위과는 적장의 우두머리를 사로잡을 수 있었지.
"싸움에 이긴 것은 기쁘나, 참 신기하구나."
그날 밤 위과는 꿈속에서 한 노인을 만났어. 노인이 위과에게 말했지.

"나는 당신이 새로 혼인할 수 있도록 해 준 여인의 아버지라오. 당신이 당신 아버지의 유언을 제대로 판단하여 주었기 때문에, 내 딸이 살 수 있었소. 그 은혜를 갚고자, 싸움터의 풀을 묶어 둔 것이오. 적군들이 걸려 넘어지도록 말이오. 고맙소, **결초보은**할 수 있어 정말 다행입니다."

잠에서 깬 위과는 전쟁터의 일들을 떠올리며 고개를 끄덕였어.

"죽어서 혼이 되어서도 은혜를 갚다니, 정말 감명 깊은 일이로다!"

결초보은은 풀을 맺어 은혜를 갚을 만큼 죽어서도 고마움을 잊지 못한다는 뜻이야.
죽어서도 잊지 못할 고마움이란 어떤 것들일까?
* 결초보은 : 結(맺을 결) 草(풀 초) 報(갚을 보) 恩(은혜 은)

푸름 박사의 생태 이야기

장난꾸러기들이 풀을 묶어 장난을 쳤다고?

풀끼리 서로 묶어 놓은 것에 걸려 넘어지다니, 실제로 그런 풀이 있을까? 결초보은의 이야기 속에 등장하는 풀은 아마 볏과 식물인 '그령'일지도 몰라.

그령은 우리나라를 포함해서 전 세계 열대와 온대 지역에서 약 250종이 자라고 있고, 우리나라 전국의 길가나 빈터에서도 아주 흔하게 잘 자라는 풀이야. 30~70센티미터의 길이로 여러 대의 줄기가 한 군데에서 나와서 아주 큰 포기를 이루는 풀로, 무성하게 자라는 특징이 있지. 그령은 잎과 줄기가 아주 질길 뿐 아니라, 뿌리가 땅속에도

> 그령과 수크령은 서로 다른 풀인가요?

▼ 그령의 줄기는 곧게 자라고 털이 없어.

단단하게 박혀 있기 때문에, 무성하게 자라난 그령의 풀 줄기를 서로 묶어 놓으면, 모르고 지나가던 사람은 걸려서 넘어질 수밖에 없을 거야. 예전에는 실제로 장난꾸러기들이 그렇게 풀 줄기를 묶어 다른 친구가 걸려 넘어지도록 장난을 치는 일도 있었어. 그러니, 결초보은의 이야기 속 풀은 그령이라고 해도 무리가 아니지?

그령은 '암크령'이라고도 부르고, '바람을 아는 풀'이라는 뜻의 '지풍초'로도 불려. 바람이 불면 이리저리 흔들리는 그령은 초가을에 작은 이삭 모양의 꽃을 피우지. 줄기와 잎이 질기기 때문에 예부터 사람들은 그령을 노끈이나 밧줄을 꼬는 데 쓰기도 했단다.

수크령은 그령보다 줄기와 잎이 더 억센 편이랍니다.

그령과 비슷한 수크령

그령이 자라는 곳과 같은 곳에서 많이 자라는 볏과 식물로는 수크령이 있어. 서로 비슷한 종이긴 하지만, 수크령은 그령보다 키가 큰 편이고, 줄기와 잎도 그령보다 훨씬 억센 편이야. 수크령은 풀을 서로 묶으면 잘 꺾여 부러질 뿐 아니라, 엉성한 모양일 거야. 꽃대가 커다란 강아지풀처럼 생긴 수크령은 그령보다 훨씬 진한 갈색빛을 띠는데, 양지 바른 길가에 많이 자란다고 해서 '길갱이', 이리 꼬리를 닮았다고 해서 '랑미초'로도 불려. 수크령의 질긴 잎은 공예품 같은 것을 만드는 데 쓰이기도 한단다.

◀ 수크령의 잎은 좁은 선 모양으로, 빳빳하게 자라.

다시 읽는 고사성어 05

교각살우(矯角殺牛)

뿔을 바로잡으려다 소를 죽인다

먼 옛날 중국에서는 종을 만들 때, 만든 종에 소의 피를 뿌린 다음에 제사를 지내던 풍습이 있었다고 해. 그때의 이야기야.

한 농부가 제사에 쓸 소를 고르고 있었어.

"음, 이 녀석이 그나마 뿔이 늠름하고, 제법 곧은 편이구나. 그런데 가만, 한쪽이 조금 삐뚤어진 것 같은데?"

그러자 농부의 아내가 말했어.

"이 정도면 뿔이 곧게 나 있는걸요."

농부는 다시 소의 뿔을 바라보며 말했어.

"아니, 좀 더 곧아야 해. 그렇지! 좋은 방법이 있지."

농부는 소의 뿔을 천으로 단단히 동여매기 시작했어. 그것도 팽팽하게 말이야. 그 모습을 보고 농부의 아내가 말했지.

"아이고, 그러다가 소 잡겠어요."

소도 괴로운지 발버둥 치며 음매 음매 울어댔어.

농부는 아내의 말에도 아랑곳하지 않고, 소의 뿔을 팽팽하게 동여맨 천을 더 세게 잡아당겼지. 그러다가 그만 소의 뿔이 뿌리째 뽑혀 나갔고, 소는 쓰러지고 말았어.

농부의 아내가 말했지.

"아이고, 작은 것을 욕심내다가 큰 손해를 입는다더니……. **교각살우** 하고 말았으니 이를 어째!"

교각살우란 작은 결점을 고치려다가 오히려 더 잘못된 방향으로 일이 진행될 때 쓰이는 말이야. 때로 과한 방법이 오히려 일을 그르치기도 한단다.
* 교각살우 : 矯(바로잡을 교) 角(뿔 각) 殺(죽일 살) 牛(소 우)

푸름 박사의 생태 이야기

소의 뿔을 일부러 뽑는 일이 있을까?

예부터 소는 농사를 지으며 살아온 인류에게 아주 중요한 가축이었어. 사람은 소로부터 고기와 우유를 얻을 뿐 아니라, 농사를 짓는 데도 꼭 필요했기 때문에 귀하게 여겨 온 가축이야. 또 어떤 나라들에서는 소를 신성한 동물로 여기기도 하지. 그리고 소의 뿔은 그릇이나 피리, 활 등을 만드는 재료로 쓰이기도 했어. 그럼, 살아 있는 소의 뿔을 뿌리째 뽑는 일이 실제로 있었을까? 아마 소의 뿔이 뿌리째 뽑힌다면 과다 출혈로 소의 생명이 위험해질 수도 있기 때문에 일부러 살아 있는 소의 뿔을 뽑는 일은 흔치 않았을 거야.

그런데 스위스에서는 뿔이 나기 시작하는 소들에게 진정제 같은 약을 투여한 다음에, 뜨겁게 달군 쇠로 뿔을 지져서 뿔을 빼는 일이 많다고 해. 소들이 뿔로 서로 싸워 다치거나 사람을 공격할 수도 있다는

인간의 필요에 의해 가축을 고통스럽게 한다는 것이 과연 옳은 것일까요?

▶ 스위스 농가의 소들이야.

이유를 들어 이렇게 뿔을 없애기 때문에, 스위스의 소들은 대부분 뿔이 없단다.

　스위스의 한 농부가 가축의 생명도 존엄하기 때문에 소의 뿔을 그대로 두어야 한다고 주장했지만, 소의 뿔을 그대로 두는 것은 위험하다고 생각하는 농가들이 아직 많아서 그 의견이 잘 받아들여지지 않았어. 소의 뿔을 제거하지 않으면 소를 다루기가 어렵고, 소들끼리 상처를 입힐 수 있으며 목장 사람들의 안전을 위협한다는 이유 때문이지. 그러나 살아 있는 소의 뿔을 잘라 내는 과정이 소에게도 아주 큰 고통을 준다는 점에서 한 번쯤 생각해 볼 문제가 아닐까?

소뿔과 다른 코뿔소 뿔

동물들의 뿔은 모두 같은 성질로 이루어진 뿔이 아니야. 소의 뿔 같은 경우는 뼈 위에 손톱이나 머리카락을 이루는 단백질인 '케라틴'이 씌워진 것으로, 속이 비어 있어. 그런데 코뿔소의 뿔은 그런 뼈와는 달리, 털에 파묻힌 죽은 피부에서 나온 케라틴이랑 코에서 나온 피지 분비물이 함께 섞여 딱딱하게 굳은 것이야. 그래서 속이 꽉 차 있지. 이러한 코뿔소의 뿔을 장식품이나 의약품 등으로 쓰기 위해서 사람들은 코뿔소를 사냥했는데, 코뿔소는 세계적으로 멸종 위기에 처해 있기 때문에 코뿔소를 밀렵하거나 국제적으로 거래하는 것은 법으로도 금지되어 있어. 그럼에도 불구하고 사람들의 욕심 때문에 코뿔소 밀렵은 아직도 끊임없이 이뤄지고 있단다.

미국에서는 유전자 변형을 통해서 아예 태어날 때부터 뿔이 없는 소를 만들어 내기도 했지요.

◀ 코뿔소는 뿔이 하나인 것과 뿔이 두 개인 것이 있어.

다시 읽는 고사성어 06

구밀복검(口蜜腹劍)

입에 꿀을 바르고 배에 칼을 품는다

중국 당(唐)나라 현종(玄宗)은 오랜 기간 동안 권력을 독차지하며 횡포를 일삼아 온 여황제 '측천무후'를 황제의 자리에서 끌어내리고 자신이 황제가 된 사람이야.

황제의 자리에 오른 현종은 백성들을 두루 살피고, 잘사는 나라로 만들기 위해 노력했어. 또한 적의 침략으로부터 방어를 튼튼히 해서 백성들의

　칭송을 받았지. 하지만, 시간이 흐르면서 현종은 나랏일은 멀리하고 향락에 빠지기 시작했어. 백성과 신하들의 불만은 커져 갔지만, 신하 이임보는 현종의 비위를 살살 맞추며 아부했지.
　"황제 폐하, 지혜로운 정치로 백성들을 아끼고 사랑하시니, 모든 신하와 백성들이 황제 폐하를 우러러봅니다."
　현종은 이임보에게 나랏일을 맡기다시피 하며 그를 신임했어. 이임보는 글과 그림에 재주가 뛰어났을 뿐 아니라, 황제의 일가친척이었거든. 그러다 보니 이임보는 권력을 움켜쥐고는 나랏일을 쥐락펴락한 거야. 나라를 걱정하는 신하들은 입을 모아 말했지.
　"이임보는 황제께 아부하면서, 권세를 누리면서 자신을 따르지 않는 자들을 무참하게 해하는 자입니다."
　"맞소. 계속 이대로 가면 안 될 것이오. 황제께서 다시 제대로 나랏일을 하도록 우리가 바른말을 해야 하오."

하지만 이임보의 방해로, 이러한 충신들의 간언이나 백성들의 불만이 현종의 귀로는 들어가지 않았어.

"감히 내 의견에 반대를 하고, 나보다 황제의 총애를 받으려고 해? 가만두지 않겠다!"

이임보와 뜻을 달리하는 자들뿐 아니라 충신들 수백 명은 이임보의 손에 목숨을 잃었단다. 그러니 그 누구도 이임보의 뜻에 반대하거나 거스를 수가 없었어. 사람들은 이임보를 두고 이렇게 말했어.

"이임보의 눈에 띄면 절대 안 되네. 그는 자기보다 능력 있는 사람을 질투하여 가만두지 않으니 말이야."

"황제에겐 아부하고, 뒤에서는 다른 이들을 음해하니 그야말로 **구밀복검**이야. 입에는 꿀이, 배에는 칼이 있지."

"이임보가 하는 일에 반대했다가는 쥐도 새도 모르게 죽어 나갈 수 있으니, 반란을 일으키는 건 꿈도 꾸지 말자고."

19년이라는 긴 시간 동안 권력을 마음대로 휘두르며 횡포를 부리던 이임보가 죽고 나서야, 이 모든 사실을 알게 된 현종은 살아 생전의 이임보의 관직을 모두 박탈해 버렸어. 그리고 이임보가 죽은 지 3년이 되는 해에 살아 생전의 이임보가 두려워 반란을 일으키지 못했던 안녹산이 반란을 일으켰단다.

구밀복검은 겉으로는 꿀처럼 달게 굴지만, 속으로는 모함을 하거나 해칠 생각을 하는 것을 뜻해. 겉으로만 친한 척하고 뒤에서 내 험담을 하는 친구가 있다면 어떨 것 같니?
* 구밀복검 : 口(입 구) 蜜(꿀 밀) 腹(배 복) 劍(칼 검)

푸름 박사의 생태 이야기

곤충을 유혹하여 잡아먹는 식물이 있다고?

▲ 파리지옥에 갇힌 곤충이야.

파리지옥에 한번 걸려든 곤충은 절대 빠져나갈 수 없는 건가요?

　겉으로는 꿀처럼 달콤해 보이지만, 알고 보면 무서운 본심을 품고 있는 구밀복검의 식물이 있다면 믿을 수 있겠니?
　곤충을 유혹해서 잡아먹는 식물, 파리지옥이라면 '구밀복검'이라는 한자성어가 어울릴지도 모르겠구나.
　파리지옥은 미국 노스캐롤라이나와 사우스캐롤라이나가 고향인데, 주로 축축한 지역에서 살아. 끈끈이귀갯과에 속하는 여러해살이풀로, 일반적인 식물과는 달리 파리, 개미, 나비 같은 곤충을 잡아먹고 사는 식충 식물이야.
　파리지옥의 줄기는 20~30센티미터로 곧게 자라고, 줄기 끝에 작은 흰색의 꽃이 둥그렇게 무리 지어 피어. 두 개의 동그란 이파리는 서로 맞물린 모양으로 달리고, 잎 가장자리에는 가시처럼 생긴 긴 털이 나 있지. 파리지옥의 잎 윗부분에는 붉은색의 식물 색소가 들어 있는데, 이곳에서 단백질 형태의 점액을 분비해서 곤충들을 유혹해.

잎 가장자리의 털은 곤충이 다가온 것을 알아차리는데, 곤충이 약 30초 동안 이 털을 2개 이상 건드리거나 하나를 두 번 이상 건드릴 경우 2개의 잎이 순식간에 포개어지면서 곤충을 잡는 거야. 그렇게 곤충이 나가지 못하게 꽁꽁 잎을 닫은 후에는 잎 안에서 곤충을 소화하는 붉은색 소화 효소를 분비시켜. 그래서 잎 전체가 마치 붉은 꽃처럼 보이기도 하지. 그 상태로 약 10일 동안 곤충을 소화하고 난 후에야 다시 잎을 여는데, 소화가 안 된 곤충의 껍질 같은 것은 바람이나 비로 쓸려 나간단다.

살충제 대신 사용할 수 있는 파리지옥

파리지옥은 집에서 관상용으로 기르기도 하는데, 베란다 개수구 근처 등에 두고 벌레를 잡기 위해 기르기도 해. 파리지옥은 축축하고 이끼 낀 곳을 좋아하기 때문에 집에서 기르려면 화분에 물이끼를 심어 주고, 축축한 상태를 유지해 주는 것이 좋아. 또 햇빛을 충분히 쐬어 주고, 추운 겨울에 얼지 않도록 해야 해. 파리지옥은 2~3년 정도 자라야 파리, 개미, 나비 같은 곤충을 잡아먹을 수 있어. 파리지옥이 한 번 잎을 닫는 것은 엄청난 에너지가 쓰이는 일이기 때문에, 잎을 닫는 것을 보기 위해서 다른 물체로 파리지옥의 털을 건드리거나 하는 것은 좋지 않아.

▶ 집에서 기르는 파리지옥 화분이야.

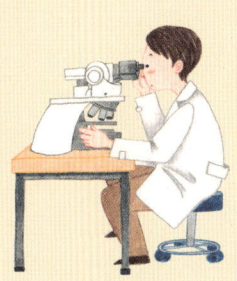
파리지옥에 갇힌 곤충이 나가려고 발버둥칠수록 파리지옥 잎은 더 강하게 곤충을 조이지만, 곤충이 너무 작다면 잎의 털 사이로 빠져나갈 수도 있고, 너무 큰 곤충이라면 잎이 닫히기 어려운 경우도 있겠지요.

고사성어 07 다시 읽는

군계일학(群鷄一鶴)
닭의 무리 중에 한 마리의 학

중국의 위나라에는 '죽림칠현'이라는 어지러운 세상을 피해 산속에 들어가 함께 학문을 나누던 일곱 명의 유명한 선비가 있었어. 그들 중 재능이 아주 뛰어난 '혜강'이라는 선비가 있었는데, 억울하게 누명을 쓰고 그만 처형을 당하고 말았지.

혜강이 처형을 당할 당시, 그에게는 '혜소'라는 어린 아들이 있었는데, 혜소는 아버지를 쏙 빼닮아 아주 똑똑하고 훌륭한 청년으로 자랐어. 죽림칠현의 한 사람이자, 혜강의 친구였던 '산도'는 황제에게 혜소의 등용을 추천했어.

"비록 죄를 지어 처형당한 혜강의 아들이라 해도, 혜소는 다른 벼슬아치에 뒤지지 않는 슬기로움을 지녔으니, 그에게 벼슬을 내리소서."

결국 황제는 혜소에게 '비서랑'이라는 벼슬자리를 내렸고, 혜소는 궁으로 들어가게 되었단다. 이때 궁으로 들어가는 혜소를 본 사람 하나가 죽림칠현의 한 사람인 왕융에게 가서 말했지.

"어제 궁궐로 들어가는 무리들을 보았습니다. 그 속에서 혜소는 단연 **군계일학**이더군요. 마치 닭 무리 속의 한 마리 학과 같았습니다."

이후 혜소는 더 높은 벼슬자리에 올라 능력을 펼쳤다고 해.

군계일학은 닭 무리 중의 한 마리 학과 같이, 평범한 사람들 중 눈에 띄는 한 사람, 또는 여럿의 보통 중에 뛰어난 하나를 뜻해. 평소에 군계일학이라고 느낀 사람이 있었니?
* 군계일학 : 群(무리 군) 鷄(닭 계) 一(한 일) 鶴(학 학)

학만큼 겉모습이 눈에 띄는 닭이 있다고?

▶ 긴꼬리닭의 날개나 꽁지는 보통 엷은 청색을 띠어.

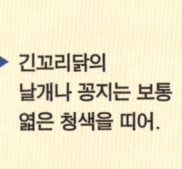
일본에도 긴꼬리닭이 있다죠?

여러 마리의 평범한 닭 속에 새하얗고 긴 다리의 우아해 보이는 학이 한 마리 섞여 있다면 당연히 눈에 확 띌 거야. 그럼 닭은 모두 평범할까?

닭 중에서도 학만큼이나 화려하고 우아한 자태를 뽐내는 닭이 있단다. 이 닭은 우리나라 고유종으로 알려져 있는 '긴꼬리닭'이야. 긴꼬리닭 토종 수탉은 윤기 나는 털색뿐 아니라, 그 이름처럼 1미터에 이를 만큼 몸통보다 훨씬 긴 꼬리가 특징이야.

긴꼬리닭이 우리나라 고유종인 것은 아주 먼 옛 기록을 통해 알 수 있어. 서기 3세기 중엽, 중국의 역사서에 '마한에 꼬리가 긴 닭이 있는데, 꼬리 길이가 5척이나 된다'는 기록이 있거든. 당시의 5척은 지금으로 따지면 1미터 정도의 길이야. 또 5~6세기 고구려의 옛 무덤인 무용총 천장 벽화에도 꼬리가 긴 닭 두 마리가 그려져 있지. 일제 강점기의 한 일본학자는 '조선의 재래종 닭 중에 꽁지깃의 발육이 좋아 땅에 끌리는 것을 장미계라고 부른다'는 기록을 남기기도 했대. 어쩌면 이 긴꼬리닭은 우리나라 최초의 닭일지도 몰라.

아쉽게도 서양 품종의 닭이 들어오면서, 재래종으로 보이는 긴꼬리닭은 그 자취를 감추게 되었지만, 수십 년 동안 우리 토종닭인 긴꼬리닭을 복원하기 위해 노력해 온 사람도 있단다.

> 일본의 긴꼬리닭은 수컷 꼬리가 8미터 이상 자라는 닭으로, 일본의 천연기념물로 지정되어 있어요. 이 긴꼬리닭은 돌연변이 종을 계속 개량한 것으로 볼 수 있지요.

겉모습이 개성 넘치는 닭

흔히 달걀이나 고기를 얻기 위해 닭을 기르지만, 품종이 아주 다양하게 개량되면서 독특하고 개성 넘치는 겉모습의 애완용 닭을 기르기도 해. 영국이 고향인 '블랙 로즈콤'은 애완용 닭으로 아주 인기가 있어. 중국과 미국이 고향인 '블랙 코친'은 아주 온순한 성품 때문에 애완용 닭으로 많이 길러져. 영국이 고향인 '금수남'과 '은수남', 미국이 고향인 '햄버그 반탐' 등은 깃털의 독특한 무늬가 아주 매력적인 애완용 닭이야. 폴란드가 고향인 '백색 폴리쉬'는 머리에 하얀 모자를 쓴 것 같은 모습이 독특한 애완용 닭이란다.

▼▶ 애완용 닭의 모습이야.

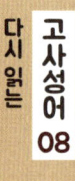

고사성어 08 다시 읽는

금상첨화(錦上添花)

비단 위에 꽃을 보탠다

오늘은 유준이가 일 년 중에 가장 손꼽아 기다리는 생일날이야. 기대에 들뜬 유준이는 다른 날보다 한 시간이나 빨리 일어났어.

"이유준, 생일 축하해!"

엄마와 아빠는 새벽부터 일어나, 미역국과 유준이가 좋아하는 반찬들로 아침상을 한가득 차렸어. 그리고 작은 상자를 하나 건넸지.

"유준아, 생일 선물 한번 열어 볼래?"

작은 상자 속에는 유준이가 그렇게 노래 부르던 스마트폰이 들어 있었어.

"와! 고맙습니다. 엄마, 아빠! 저 게임 많이 안 할게요."

유준이는 얼른 학교에 가서 친구들에게 자랑하고 싶어서, 평소보다 30분이나 빨리 나갔지. 친구들에게 한껏 자랑하고, 수업이 시작되기 전이었어. 담임 선생님이 유준이를 바라보며 말했지.

"이유준, 앞으로 나와 보세요."

유준이네 담임 선생님은 교실에 기타를 두고 가끔 아이들에게 노래를 불러 주시는데, 오늘은 기타를 꺼내서 유준이에게 노래를 불러 주었어.

"유준이에게 선생님이 주는 노래 선물이야. 소중한 우리 유준이의 생일을 축하한다."

유준이의 소원이었던 스마트폰부터 유준이만을 위한 노래 선물까지, 유준이 마음은 **금상첨화**로 행복이 넘쳐흘렀어.

금상첨화는 비단 위에 꽃을 보태는 것과 같이, 좋은 것에 또 좋은 것이 더해진다는 뜻이야. 금상첨화의 상황을 경험한 기억이 있는지 한번 떠올려 보렴.
* 금상첨화 : 錦(비단 금) 上(위 상) 添(보탤 첨) 花(꽃 화)

푸름 박사의 생태 이야기

비단 주머니를 닮은 꽃이 있다고?

▲ 금낭화 꽃이 피어 있는 모습이야.

금낭화는 꽃이 땅을 향해 고개를 숙이고 있는 것 같은 모습 때문에 '당신을 따르겠습니다'라는 꽃말을 지니고 있지요.

    비단 위에 꽃을 보태는 것처럼 예쁘기도 하고, 모양까지 독특한 꽃이 있어. 바로 '금낭화'야. '비단 주머니 꽃'이라는 이름처럼, 생긴 모습이 꼭 주머니처럼 생겼거든. 옛날의 여인들은 치마 속에 비단으로 수놓아 만든 복주머니를 달고 다니고는 했는데, 금낭화가 그 비단 주머니와 닮았다고 해서 '며느리주머니'라고도 불리지.
    여러해살이풀인 금낭화는 원래 중국이 원산지인 것으로 알려졌는데, 우리나라의 설악산, 가평, 천마산, 전북 완주 등의 산지에서도 자생하고 있어서 한국도 원산지인 것으로 확인되었어.

5~6월이 되면 연분홍색 꽃이 줄기 끝에 차례로 피어나는데, 꽃잎 4장이 모여 심장 모양을 이루고 볼록한 주머니처럼 아래를 향해 있어. 6~7월에는 길쭉한 원형의 꼬투리 모양 열매가 달리지.
　금낭화는 주로 깊은 산 계곡 근처 햇살이 잘 비치는 곳에서 볼 수 있는데, 아침 햇살을 3시간 이상 충분히 받은 금낭화가 분홍빛을 더욱 뽐낸단다. 산지의 계곡 근처에서 저절로 자라나기도 하지만, 예쁜 꽃 모습 때문에 관상용으로도 금낭화를 많이 심어 길러. 금낭화 줄기는 연약하고 하얀빛을 띠는 녹색인데, 이 줄기를 자르면 붉은색의 유액이 흘러나와. 이 유액은 염색을 하는 재료로 쓰이기도 한단다.

> 금낭화 어린잎은 삶아서 나물로 먹기도 하고, 한방에서는 뿌리 말린 것을 종기나 타박상의 치료 약으로 쓰기도 한답니다.

멸종 위기에 처한 복주머니난

　금낭화처럼 꽃이 주머니를 닮은 '복주머니난'이 있어. 복주머니난은 우리나라 곳곳의 산지에서 자라는 여러해살이풀이야. 30~50센티미터의 키로 자라는데, 줄기는 곧게 자라고 뿌리는 옆으로 뻗으며 자라지. 붉은색 꽃은 복주머니처럼 동그란 모양으로 피어나. 복주머니난이 피어 있는 곳 근처에 가면 꼭 오줌 냄새 같은 독특한 향이 나는데, 지금은 찾아보기가 아주 어려운 식물이 되었어. 특이한 향과 꽃 모양 때문에 많은 사람들이 무분별하게 채취해 가면서 멸종 위기에 처해 있단다.

▶ 복주머니난은 난초과 식물이야.

낙양지귀(洛陽紙貴)
낙양의 종이 값이 오른다

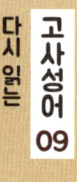

옛날 중국 진(晉)나라에 '좌사'라는 선비가 있었어. 좌사는 빼어난 글솜씨를 지녔지만 말을 더듬는 데다가, 자신의 얼굴이 못생겼다고 생각해서 사람들을 만나지 않고, 집 안에서 글 쓰는 일에만 전념했어. 그렇게 1년 동안 중국 제나라 도읍의 풍물을 노래한 〈제도부〉라는 시를 써서, 그 시로 사람들에게 이름이 알려졌지.

그러다 좌사는 낙양으로 이사를 하게 되었는데, 그곳에서 중국 삼국 시대 촉한의 도읍, 오나라 도읍, 위나라 도읍의 흥망성쇠를 노래한 〈삼도부〉라는 작품을 쓰기 시작했어.

"언제 어디서든 좋은 글귀가 떠오르면 바로 글을 써야 해."

좌사는 집 안 곳곳 심지어 화장실과 정원에도 종이와 붓과 먹을 두고는 글을 썼지. 그렇게 10년이라는 시간이 흘러 〈삼도부〉가 완성되었어. 당시의 유명한 시인 '장화'는 〈삼도부〉를 읽고 크게 감탄하며 말했지.

"읽는 사람에게 긴 여운과 감동을 주는 아주 훌륭한 작품이다."

장화의 칭송이 자자하다는 소문이 퍼져 낙양의 높은 관리들은 너도나도 〈삼도부〉를 베껴 썼어.

"**낙양지귀**라더니만, 이 작품은 과연 그럴 만하구나!"

많은 이들이 앞다투어 작품을 베껴 쓰려 종이를 사는 바람에 낙양의 종이 값이 훌쩍 뛰어올랐단다.

> 낙양지귀는 낙양의 종이 값이 오른다는 뜻으로, 책이 많이 읽히고 잘 팔린다는 것을 뜻해. 지금으로 치면 흔히 말하는 '베스트셀러'를 뜻하는 것이란다.
> * 낙양지귀 : 洛(물 이름 낙) 陽(볕 양) 紙(종이 지) 貴(비쌀 귀)

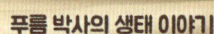 푸름 박사의 생태 이야기

종이를 만드는 나무가 있다고?

▲ 닥나무 잎은 어긋나게 자라.

종이의 원료가 나무라는 것은 다들 알고 있지? 지금처럼 제조 기술이 발달하지 않았던 옛날에는 어떻게 종이를 만들어 썼을까? 그리고 종이를 만들던 나무는 어떤 것일까? 바로 '닥나무'가 그 주인공이야.

닥나무는 뽕나뭇과에 속하는 자그마한 나무로, 4~5미터까지 자라나. 닥나무는 어떤 환경에서도 잘 자라는데, 한 나무에 달걀 모양의 잎과 가장자리가 깊이 팬 잎이 함께 달려. 5~6월에는 짧은 실을 달고 있는 작은 구슬 모양의 꽃이 피고, 초여름에는 주홍색 열매가 익지. 무엇보다 닥나무 껍질에는 아주 튼튼하고 질긴 실 모양 세포가 잔뜩 들어 있어서, 이 나무껍질로 종이를 만들어 쓰고 또 옷을 만드는 데 쓰기도 했어.

우리나라에서는 고려 시대 이후에 닥나무로 종이를 만들어 쓰기 시작한 것으로 추정되고, 본격적으로는 조선 시대부터 닥나무로 종이를 만들어 쓰기 시작했어. 특히 중국에 종이를 조공품으로 많이 보내야 했기 때문에 나라에서 백성들에게 닥나무를 더 많이 재배하도록 장려하기도 했단다. 심지어 닥나무를 적극적으로 재배하지 않을

종이가 발명되기 전에 인류는 바위에 그림을 그렸고, 문자가 생기면서 나무껍질이나 동물 가죽 등에 쓰고 그렸지요.

서양에서는 이집트 나일강변에서 자라는 '파피루스'라는 갈대 같은 식물을 저미고 서로 이어서 종이처럼 썼답니다.

▲ 닥나무 꽃과 열매야.

때에는 형벌을 내리기도 했다고 해.

닥나무가 있었기에 종이를 만들 수 있었고, 인쇄 문화와 기록 문화가 발전할 수 있었으니 인류에게 아주 중요한 나무임에는 틀림없지?

닥나무로 종이를 만드는 과정

지금이야 제조 기술이 발달해서 종이를 만드는 게 어렵지 않았지만, 기술이 발달하지 않은 옛날에는 종이 만드는 데 꽤 많은 시간과 힘이 들었어. 닥나무를 늦가을에 1~2미터 정도의 길이로 잘라서 솥이나 통에 넣고 쪄 내. 두어 시간 쪄 내면 달달한 향이 나는데, 이때 꺼내 껍질을 벗겨 내고 물에 담가 부드럽게 만들어. 그런 다음 겉껍질을 벗기면 흰색의 속껍질만 남는데, 이걸 다시 솥에 넣어 삶은 다음 흐르는 물에 씻고 떡판에 올려 두들겨. 그렇게 흐물흐물해진 껍질을 통에 물과 잘 섞어서 닥풀을 넣어 발로 한 장 한 장 떼어 내 말리면 종이가 되는 거야.

▼ 닥나무로 종이를 만들려면 꽤 복잡한 과정을 거쳐야 해.

다시 읽는 고사성어 10

남귤북지(南橘北枳)
남쪽의 귤을 북쪽으로 옮겨 심으면 탱자가 된다

중국 춘추 시대 때 제(齊)나라에 '안영'이라는 재상이 있었어. 안영은 높은 벼슬에 올랐지만 늘 검소하게 지내며 말과 행동을 조심했어. 그런데 안영은 키가 아주 작았지.

어느 날 안영이 초(楚)나라 사신으로 가게 되었어. 초나라 왕인 영왕은 제나라 사신인 안영을 대접하기 위한 연회를 열었어.

"자, 마음껏 드시오!"

그때, 초나라 관리 둘이 어떤 사람 하나를 잡아와 영왕 앞에 앉혔어.

"이 제나라 놈이 도둑질을 하여 잡아 왔사옵니다."

영왕이 안영에게 물었어.

"제나라 사람들은 도둑질을 잘하는가 보오?"

영왕의 말에 안영이 말했지.

"**남귤북지**라고, 남쪽에서 난 귤이 북쪽으로 가면 탱자가 되는 법입니다. 저희 제나라에서 태어나 자란 백성은 제나라에서 도둑질을 하지 않지만, 초나라로 들어와 도둑질을 하게 된 것입니다."

안영의 말에 영왕이 껄껄 웃으며 말했지.

"허허, 과연 듣던 대로 슬기로움이 아주 뛰어나십니다."

 남귤북지는 사람이 사는 곳에 따라서 착해지기도 하고, 악해지기도 한다는 뜻으로, 주위 환경에 따라 사람도 달라진다는 것을 뜻해. 환경에 따라 사람이 달라진다는 것에 대해 어떻게 생각하니?

* 남귤북지 : 南(남녘 남) 橘(귤 귤) 北(북녘 북) 枳(탱자 지)

귤나무는 우리나라 남쪽의 맨 끝에서 자란다고?

▶ (위에서부터 아래로) 귤나무에 꽃이 핀 모습과 열매가 익어 가는 모습이야.

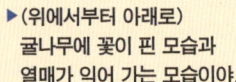
귤은 제주도에서 삼국 시대 이전부터 재배되었던 것으로 추정되지요.

귤나무는 우리가 주로 겨울에 즐겨 먹는 귤을 열매로 맺는 나무야. 원산지는 중국이지만, 일본과 동남아시아 등 세계 여러 나라에서 기르고 있고, '남쪽의 귤'이라는 말처럼 우리나라에서는 가장 남쪽인 제주도에서 많이 자라.

새콤달콤한 맛이 뛰어난 귤을 먹기 위해 귤나무를 따뜻한 지방에서 심어 길러. 보통 5미터 정도의 키로 자라는데, 끝이 뾰족한 잎은 어긋나고, 6월쯤 되면 가지 끝에서 나온 꽃대에서 하얀 꽃이 피어나지. 약간 납작하고 동그란 열매는 처음에는 초록색이었다가 익으면서 주황색으로 변해. 귤껍질은 매끈매끈 윤기가 나는데, 잘 벗겨지기 때문에 껍질 속 열매를 쉽게 먹을 수 있어.

몇 조각으로 나뉘는 열매 속에는 원래 씨앗이 들어 있는데, 우리가 흔히 먹는 귤은 종자를 개량

한 씨 없는 귤이야. 귤 열매는 가을쯤 익기 시작해서 주로 겨울에 먹는 과일이지만, 요즘은 온실에서도 기르기 때문에 한여름에도 먹을 수 있지.

▲ 귤은 열매뿐 아니라 껍질도 유용하게 쓰여.

　귤은 새콤달콤한 맛뿐 아니라, 비타민 C, 유기산, 당이 많이 들어 있어서 많은 사람들에게 사랑받는 과일이야. 귤은 그냥 먹기도 하지만 주스로 만들어 먹거나 잼을 만들어 먹기도 하지. 특히 우리나라의 귤 맛은 세계적으로도 인정받고 있단다. 한방에서는 귤껍질을 말려서 감기약으로 쓰기도 해.

귤나무와 다른 탱자나무

　귤나무와 비교되는 탱자나무는 어떤 나무일까? 탱자나무는 중국이 원산지이고, 우리나라로 들어온 지는 아주 오래된 것으로 보여.
　줄기와 가지에 크고 뾰족한 가시가 달려 있고 4~5월에는 하얀 꽃을 피우지. 9~10월에는 동그랗고 노란 열매를 맺는데, 향기가 아주 좋아. 그렇지만 쓰고 신맛이 강해서 귤처럼 날것으로 먹을 수 없어. 그래서 귤과 비교되는 것일지 몰라. 하지만, 탱자에는 비타민, 미네랄 등 좋은 성분이 많기 때문에 한방에서 약으로 많이 써. 특히 탱자 껍질은 진통제나 해열제 등 약으로 다양하게 쓰인단다.

▼ 탱자나무에 달린 꽃과 열매야.

지금은 흔하게 먹을 수 있는 귤이지만, 조선 시대에는 왕에게 올리는 진상품일 정도로 아주 귀한 과일이었답니다.

다시 읽는 고사성어 11

다재다능(多才多能)
재주가 많고 능력이 많다

"엄마, 엄마! 저거 봐요."
텔레비전을 보던 가은이가 흥분해서 마구 소리쳤어.
"왜? 뭔데 그러니?"
"텔레비전에 보민이 나와요. 이번 어린이 창작 동요제에 나갔거든요."
가은이랑 보민이는 유치원 때부터 친구인데, 초등학교 들어가서도 단짝으로 붙어 다니는 친구야.
"어머, 보민이 목소리 진짜 예쁘다. 어쩜 저렇게 맑은 소리를 낼까?"

가은이는 자기 일처럼 신나서 말했어.

"엄마, 보민이는 노래만 잘하는 게 아니에요. 글도 잘 써서 지난달에는 학교 대표로 글짓기 대회에도 나갔는걸요."

가은이 엄마가 깜짝 놀라 맞장구쳤지.

"어머, 그랬어? 어릴 때부터 이런저런 재주가 많은 건 알았지만, 보민이 정말 **다재다능**하구나!"

엄마의 말에 가은이가 웃으며 목소리를 높였어.

"맞아요! 엄마, 친구도 금방 사귀고 아무거나 가리지 않고 잘 먹는 저도 다재다능한 거죠?"

"그럼, 우리 가은이도 재주와 능력이 아주 많지!"

가은이와 엄마는 마주 보며 하하 웃었어.

재주와 능력이 많은 사람을 두고 흔히 다재다능한 사람이라고 말해.
다재다능은 여러 면에서 뛰어나다는 것을 뜻하지.
주위에 다재다능하다고 느껴지는 사람이 있니?

* 다재다능 : 多(많을 다) 才(재주 재) 多(많을 다) 能(능력 능)

푸름 박사의 생태 이야기

몸 색깔을 자유자재로 바꾸는 바다 동물은?

재주와 능력이 많은 건 사람뿐 아니라, 동물 중에도 있어. '다재다능'이라는 말이 어울리는 동물 중의 하나가 바로 '문어'야.

문어는 뼈가 없이 물렁물렁한 연체동물로, 깊이 200미터 내외의 바닷속 바닥에 살아. 여덟 개의 긴 다리로 흐느적거리며 바위틈을 기어다니는 문어는 몸길이가 5센티미터 정도 되는 것부터 5미터가 넘는 것까지 아주 다양하지. 그런데 문어가 왜 다재다능하냐고?

문어는 위험을 느끼면 검은 먹물을 뿜어내고 숨어 버려. 이 검은 먹물로 주변을 흐리게 만들 뿐 아니라, 적이 냄새 맡는 것을 방해해서 자신을 보호하는 거야. 그뿐만 아니라 순식간에 몸 색깔을 바꾸기도 해. 다른 동물들은 보통 몸 색깔을 바꾸는 데 몇 초가 걸리지만, 문어는 그보다 빨리 주변 색과 같은 색으로 순식간에 바꿔 버리지.

문어는 낮에 바위 구멍 같은 곳에 숨어 있다가 밤이 되면 먹이를 잡

문어는 연체동물 중에서 머리가 가장 좋은 동물이지요.

▶ 문어는 변신의 귀재로 불린단다.

아먹지. 사람들은 문어가 구멍에 들어가는 습성을 이용해서 문어를 잡기도 해. 단지를 바닷속에 넣어 두면 문어는 그곳이 구멍인 줄 알고 들어가는 거야. 그런데 문어가 단지에 갇히면 자기 살을 뜯어먹고 살면서 꽤 오랜 시간 동안 버틴다고 해.

우리나라에서는 예부터 문어를 즐겨 먹었는데, 맛도 맛이지만 실제로 문어는 빈혈이나 당뇨병 등에도 효과가 있는 건강 음식으로 알려져 있단다.

◀ 문어는 주변과 비슷한 색으로 몸 색깔을 바꾼단다.

몸 색깔을 바꾸는 능력이 뛰어난 카멜레온

몸 색깔을 바꾸는 동물 하면 먼저 떠오르는 것이 아마 카멜레온일 거야. 카멜레온은 카멜레온과에 속하는 도마뱀을 말하는데, 종류에 따라 모양도 몸 크기도 다양해. 커다란 머리는 투구 모양이고, 양쪽 눈은 따로따로 움직일 수 있고 꼬리는 몸길이의 반이 넘어. 긴 혀로 곤충이나 거미 같은 것을 잡아먹는데, 몸집이 큰 종류의 카멜레온은 새를 잡아먹기도 해.

문어가 주변과 비슷한 색으로 몸 색깔을 바꾸는 반면, 카멜레온은 깜짝 놀랐을 때나 다른 카멜레온과 싸울 때 등 감정의 변화나 빛 또는 온도에 따라 몸 색깔을 바꾼단다. 종마다 조금씩 다르겠지만 대체로 온도가 높거나 낮음에 따라 어둡거나 밝은색으로, 번식기나 위협을 느낄 때 화려하고 강렬한 색으로 변하는 편이야.

문어 몸의 둥근 부분은 머리가 아니라, 내장이 들어 있는 몸통이랍니다. 발이 붙어 있는 곳에 머리와 눈이 있지요.

◀ 도마뱀과 비슷하게 생긴 카멜레온은 피부에 자잘한 돌기가 많이 나 있어.

다시 읽는 고사성어 12

당랑거철(螳螂拒轍)
사마귀가 수레바퀴를 막는다

중국의 제(齊)나라 '장공'이라는 사람은 사냥을 아주 즐겨 했어. 어느 날 장공이 수레를 타고 사냥터로 가는 길에, 갑자기 수레 앞에 웬 벌레 한 마리가 나타나, 다리를 들고 서 있는 게 아니겠어? 장공은 수레를 끄는 마부에게 물었지.

"저것이 무슨 벌레이기에 수레를 막고 마치 덤비기라도 할 것 같은 모습을 하고 있는 것이냐?"

마부가 대답했어.

"사마귀라는 벌레로, **당랑거철**하고 있군요. 사마귀는 앞으로만 나가지 좀처럼 물러서지 않는 녀석입니다. 자기가 가진 힘은 생각하지도 않고, 저리 무모하게 덤비는 녀석이지요. 저래 봤자 자기가 수레에 깔려 죽는다는 것을 알지 못하니까요."

마부의 말에 장공은 진지한 얼굴로 말했어.

"허허, 사람이라도 저런 용기를 가지기가 힘들 터! 저 사마귀가 만약 사람이었다면 세상을 호령하는 용감한 무사가 되었을 텐데 아깝구나. 사마귀가 깔려 죽지 않게 수레를 돌려 가자꾸나."

장공은 수레를 돌려 사마귀를 피해 지나갔단다.

당랑거철은 큰 수레를 막는 사마귀처럼, 자기 능력과 상관없이 강한 상대에게 덤비는 상황을 뜻할 때 많이 써. 당랑거철의 태도에 대해 어떻게 생각하니?

* 당랑거철 : 螳(사마귀 당) 螂(사마귀 랑) 拒(막을 거) 轍(바큇자국 철)

사마귀는 자기 몸보다 더 큰 곤충에게 덤빈다고?

▶ 먹이를 사냥해 잡아먹는 사마귀의 모습이야.

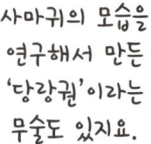

사마귀의 모습을 연구해서 만든 '당랑권'이라는 무술도 있지요.

　사마귀가 커다란 수레바퀴 앞을 막아섰다는 것은, 자기 몸보다 큰 벌레도 잡아먹으며, 센 상대 앞에서도 날개를 활짝 펴고 고개를 꼿꼿이 세우는 사마귀의 모습 때문에 나온 말일 거야.
　사마귀는 전 세계에 1500여 종이 있는데, 사마귀, 왕사마귀, 좀사마귀 등이 있어. 우리나라 전 지역의 논밭이나 산속의 풀숲 등에서 볼 수 있는 곤충이지.
　사마귀는 가늘고 긴 몸에 뚱뚱한 배, 삼각형 모양의 머리, 낫처럼 접히는 긴 앞다리가 특징이야.

사마귀는 다른 곤충을 잡아먹고 사는데, 기다랗고 날카로운 앞다리와 강한 턱으로 살아 있는 동물을 머리부터 뜯어 먹어. 메뚜기, 여치, 잠자리, 나비, 매미 등 거의 모든 곤충을 잡아먹고, 심지어 작은 개구리나 도마뱀까지 잡아먹기도 해. 또 같은 사마귀끼리 잡아먹기도 한단다. 사마귀는 나뭇잎이나 나뭇가지 위에서 주변 환경과 비슷하게 보이도록 숨어 있다가 적에게 접근하는데, 반사 신경이 엄청 뛰어나서 몇 초도 안 되는 순간에 먹이를 낚아챈단다.

사마귀는 낮뿐 아니라 밤에도 잘 활동하는데 여러 개의 작은 낱눈이 모여 이뤄진 겹눈으로 밤에도 움직이는 먹잇감을 잘 알아볼 수 있어. 낮에는 녹색이었던 눈이 밤에는 까맣게 변한단다.

사마귀는 머리가 180도로 돌아가기도 한답니다.

사마귀 암컷이 수컷을 잡아먹는 이유

사마귀는 수컷보다 암컷의 몸집이 더 큰데, 가을에 짝짓기를 하고 나면 암컷이 수컷을 잡아먹기도 해. 암컷은 알을 낳아야 하기 때문에 영양 보충을 위해 수컷을 잡아먹는 거지. 사마귀는 알을 낳을 때 거품을 내서 알집을 만드는데, 알집 속에서 겨울을 난 알에서는 이른 봄에 애벌레가 깨어나. 애벌레는 작은 벌레를 잡아먹고 크는데, 번데기가 되지 않고 바로 어른벌레로 자라나. 다 자란 사마귀의 몸길이는 7~8센티미터 정도 되고, 몸 색깔은 녹색이나 갈색을 띤단다.

◀ 짝짓기하는 사마귀(왼쪽)와 짝짓기 후 수컷을 잡아먹는 암컷 사마귀(오른쪽)야.

다시 읽는 고사성어 13

동고동락(同苦同樂)
괴로움과 즐거움을 같이하다

"여보, 오늘 하루도 힘내요, 우리!"

혜인이네 집 아침은 항상 어수선해. 출근 준비하는 엄마와 아빠, 등교 준비하는 혜인이는 늘 헐레벌떡 아침을 먹고, 집을 나서거든. 혜인이는 걸어서, 엄마와 아빠는 직장이 서로 다른 방향이라 다른 버스를 타. 그런데, 혜인이가 어릴 때부터 봐 온 엄마와 아빠는 아침마다 서로를 꼭 안아 주며 인사하는 거야. 집에서도 어찌나 엄마와 아빠가 서로를 잘 챙기는지, 어떤 때는 혜인이도 샘이 날 정도였지.

"다른 애들은 엄마랑 아빠가 우리 딸 최고, 우리 아들 최고라고 하는데 우리 집은, 엄마는 아빠가 최고, 아빠는 엄마가 최고인가 봐요."

투덜대는 혜인이에게 아빠가 웃으며 놀리듯 말했어.

"그럼, 아빠에게는 엄마가 최고지. 엄마랑 아빠는 우리 딸이 이 세상에 태어나기 훨씬 전부터 **동고동락**한 사이거든. 하핫!"

혜인이는 괜히 심술이 났어.

"쳇, 동고동락? 그게 얼마나 대단한 거라고!"

엄마가 혜인이 볼을 어루만지며 말했어.

"우리는 동고동락하는 가족이니까, 모두가 서로에게 소중한 사이야!"

동고동락은 괴로움과 즐거움을 모두 함께할 만큼 가깝고 친하게 지내는 사이를 뜻해.
혹시 주변에 동고동락하는 사이라고 생각되는 친구가 있니?
* 동고동락 : 同(같을 동) 苦(괴로울 고) 同(같을 동) 樂(즐거울 락)

푸름 박사의 생태 이야기

사람처럼 동고동락하는 생물들이 있다고?

서로 도우며 동고동락하는 것은 비단 사람과 사람 사이의 일만은 아니야. 어찌 보면 생태계의 모든 생물들이 동고동락하는 사이라고 할 수도 있어. 그중에서도 서로 없어서는 안 되는 특별한 생물들이 있어 소개해 볼까 해.

산속의 커다란 나무들 주변에 버섯들이 자라고 있는 것을 본 적이 있지? 버섯은 식물이 아니라 균류에 속하는데, 이러한 균류와 나무는 서로 도움을 주고받으며 살아가. 버섯을 이루는 세포가 나무의 뿌리에 붙어 나무의 긴 잔뿌리 역할을 하면서 수분이나 호르몬 등 다양한 영양분을 공급해 주거든. 그래서 나무가 건강하고 크게 자랄 수 있도록 도와. 그리고 나무는 엽록소가 없는 버섯에게 탄소나 당분을 공급해 주어서 버섯이 잘 자라도록 돕지. 식용으로 많이 먹는 버섯 중 특히나 맛이 좋은 버섯은 어쩌면 이렇게 나무의 도움을 받고 자랐기 때문일지도 몰라.

어떤 나무는 한 나무가 수천 여 종의 균류와 함께 살아가는 경우도 있다죠?

▼ 나무 근처에서 자라는 꾀꼬리버섯(왼쪽)과 광대버섯(오른쪽)이야.

모든 나무가 버섯과 도움을 주고받으며 자라는 것은 아니지만, 버섯의 도움을 받은 나무가 그렇지 않은 나무보다 훨씬 크게 자란다고 해. 맛이 좋고 귀하기로 유명한 '송로버섯'도 나무의 도움 없이 인공으로 재배하는 것은 어려워. 왜냐 하면 참나무가 송로버섯에 탄수화물을 공급해 주기 때문에 참나무의 도움 없이 자랄 수 없을 뿐 아니라 좋은 맛을 내는 것도 불가능하기 때문이지.

◀ 송로버섯은 진하고 독특한 향기로 유명한 귀한 식재료 중 하나야.

소나무에 기생하는 복령

소나무 뿌리에 붙어 자라는 균류 중에 울퉁불퉁한 혹처럼 생긴 '복령'은 약으로 많이 쓰여. 복령은 주로 벌채한 이후 3~9년 이상 지난 소나무 뿌리로부터 양분을 얻어서 자라는데, 겉은 어두운 갈색이고 속은 흰색이야. 소나무 뿌리와 엉켜 있는 복령은 덩어리가 50그램 정도 되는 것부터 10킬로그램 되는 것까지 다양해. 복령의 껍질이나 속은 모두 약으로 쓰는데, 이뇨 작용이 있고 소화에 좋으며, 붓기에도 효과가 있다고 해. 또 가래나 호흡 곤란 등에도 다른 약과 함께 섞어 치료약으로 쓰지. 초조하고 불안할 때 효과가 있는 신경 안정제로도 쓴단다.

◀ 복령의 검은 갈색 껍질엔 주름이 많아.

어떤 버섯은 침엽수만 좋아하는데, 그중에서도 소나무만 좋아하는 버섯도 있답니다.

다시 읽는 고사성어 14

면장우피(面張牛皮)
얼굴에 쇠가죽을 둘렀다

"쿵쿵, 쿵쿵!"

오늘도 늦은 밤 태민이네 천장은 시끄럽게 울렸어.

"엄마, 윗집 또 쿵쿵대요."

"그러게 말이다. 층간 소음 때문에 힘든 사람들이 많다더니 우리 윗집도 하루도 조용한 날이 없네."

태민이네는 이사 온 지 얼마 안 되었는데, 다른 집은 아랑곳없다는 듯이 늦은 밤에도 윗집에서 쿵쿵거리는 소리와 떠드는 소리가 크게 들렸어. 자려고 누워 있으면, 발소리, 물 트는 소리, 깔깔거리는 소리 때문에 태민이네 가족은 잠을 설치는 날이 많았지.

어느 날 태민이 엄마가 윗집 아주머니와 엘리베이터에서 마주쳤어.

"안녕하세요, 저희 지난달에 아랫집으로 이사 왔어요. 가족 분들께서 주무시는 시간이 많이 늦으신가 봐요."

태민이 엄마가 조심스레 말을 건네는데, 윗집 아주머니가 먼저 확 인상을 찌푸리며 말했지.

"남이야 일찍 자든 늦게 자든 무슨 상관이죠?"

태민이 엄마는 당황했어. 그리고 집으로 들어오며 중얼거렸지.

"**면장우피**라더니, 정말 할 말이 없네, 없어!"

면장우피란 얼굴에 두꺼운 쇠가죽을 두르는 것만큼 아주 뻔뻔한 것을 말해. 흔히 '철면피'라는 말과 비슷하지. 어떤 사람들이 면장우피의 태도를 지닌 사람일까?
* 면장우피 : 面(얼굴 면) 張(베풀 장) 牛(소 우) 皮(가죽 피)

푸름 박사의 생태 이야기

동물마다 감각 기관이 각각 다르다고?

▲ 뱀의 감각 기관

얼굴에 쇠가죽을 두른다면, 아마 피부까지 느껴지는 감각이 둔해질 수밖에 없을 거야. 사람으로 따지자면 감각 기관으로는 눈, 코, 혀, 귀, 피부 등이 있어. 그럼 다른 동물들의 감각 기관도 사람과 비슷할까? 비슷한 동물들도 있지만, 어떤 동물들은 사람에게는 없는 감각 기관을 지니고 있는 경우도 있어.

방울뱀 같은 경우는 눈과 입 사이에 감각 세포가 모여 있는데, 이 감각 세포는 온도를 느낄 수 있어서 1미터나 떨어진 곳에서 나오는 적외선까지도 느낄 수 있다고 해. 방울뱀은 이 감각 기관을 이용해서 먹잇감의 온도를 알아채서 먹이를 사냥하는 거지.

민어과 물고기인 드럼피쉬는 부레로 물속의 진동을 느껴. 부레는 물속에서 몸이 뜰 수 있게 해 주는 역할도 하지만, 물속의 소리나 진동을 느끼는 역할을 한단다.

별코두더지는 코의 끝에 별처럼 생긴 모양의 '아이머 기관'이라는 게 있어서 아주 작은 진동이나 압력을 느낄 수 있는데, 이 감각 기관을 이용해서 먹잇감이 내는 전기를 느낄 수 있다고 해.

> 고양이는 수염의 움직임으로 주변 환경의 변화를 느낄 수 있지요.

70

나방의 더듬이는 아주 많은 감각 털로 덮여 있어서, 이 감각 털로 화학 물질을 알아낼 수 있어. 짝짓기를 할 때쯤이면, 수컷은 암컷의 몸에서 나오는 '페로몬'과 같은 물질을 금방 알 수 있다고 해.

◀▼ 별코두더지(왼쪽)는 코에, 나방(아래)은 더듬이에 감각 기관이 있어.

동물들의 특별한 감각

많은 동물들이 사람에게는 없는 특별한 감각 능력을 가지고 있어. 생물들이 움직일 때 내는 미세한 전기를 감지해서 먹이 사냥을 하는 동물들이 많은데, 상어는 머리와 코 부분에 있는 감각 기관으로 모래 속에 있는 먹잇감이 내는 전기도 감지할 수 있어. 오리너구리는 오리 부리처럼 생긴 입 표면의 아주 작은 구멍으로 먹잇감이 내는 전기를 금방 알아낸다고 해. 배추흰나비는 입 말고 다리 끝 부분의 감각 털로 맛을 느낄 수 있고, 누에는 턱 아래에 있는 털로 맛을 느낀단다. 소금쟁이는 다리로 물이 내는 파동을 느낄 수 있지.

◀▼ 소금쟁이(왼쪽)는 다리에, 오리너구리(아래)는 입 쪽에 감각 기관이 있어.

> 먹잇감인 물고기가 헤엄칠 때 바다표범도 수영으로 일렁이는 물의 움직임을 알아내어 먹이 사냥을 하지요.

다시 읽는 고사성어 15

박장대소(拍掌大笑)
손바닥을 치며 크게 웃는다

"얘들아, 다음 주에 우리 가족 여행 갈 거니까, 오늘 학교 가서 선생님께 체험 학습 신청서 받아 오렴."

승현이와 재현이는 금방 신나는 얼굴이 됐어.

"여행요? 어디로 가는데요?"

기대하는 아이들에게 엄마가 말했어.

"너희한테는 먼 친척 어르신인데, 제주도에 사시거든. 이번에 회갑 잔치가 있어서 가족 여행 겸해서 갈 거야."

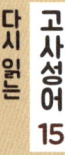

승현이는 박수를 치며 펄쩍펄쩍 뛰었어.

"진짜요? 저 제주도 진짜 가 보고 싶었거든요. 하하!"

승현이의 모습에 엄마가 웃으며 말했지.

"그게 그렇게 **박장대소**할 만큼 좋은 일이야?"

엄마의 말에 재현이가 갸우뚱했어.

"박장…대소……?"

엄마가 재현이를 안으며 말했지.

"음, 우리 재현이가 좋아하는 피자 시켜 줄 때, 재현이도 막 손뼉 치면서 저절로 큰 웃음이 나지? 그런 모습을 말해. 지금의 형처럼 말이야."

박장대소는 자기도 모르게 손뼉을 치며 크게 웃는 모습을 말해.
어떤 일이 생기면 박장대소하게 될까 상상해 보렴.
* 박장대소 : 拍(칠 박) 掌(손바닥 장) 大(큰 대) 笑(웃을 소)

박수를 치는 동물이 있다고?

▶ 물개 무리의 모습이야.

수컷 물개는 어떻게 굶으면서 암컷을 지킬 수 있나요?

　기분이 좋아 웃음이 나면 자신도 모르게 박수를 치게 될 때가 있어. 그런데 혹시 박수 치는 동물 하면, 떠오르는 게 있니?
　사람들이 많이 쓰는 말인 '물개 박수'를 생각하는 친구들이 있을지도 모르겠구나. 가끔 조련사의 지시에 따라 물개가 지느러미처럼 생긴 앞발로 쉼 없이 연속으로 박수를 치는 모습을 한 번쯤 본 적이 있을지도 모르고 말야. 그럼 물개는 어떤 동물일까?
　바다에 사는 포유동물인 물개는 헤엄치기 좋게 발이 지느러미처럼 생겼어. 네 개의 지느러미 같은 발로 기우뚱기우뚱하며 땅을 걷기도 해. 낮에는 깊지 않은 바닷물 근처에서 무리 지어 헤엄치고 다니다가, 저녁에는 일정한 암초에 모여서 자. 물개는 잠잘 때 빼고는 주로 바다에서 생활하지.

북태평양 근처에서 무리 지어 사는 물개는 여름이 되면 자기가 태어난 곳으로 헤엄쳐 가서 새끼를 낳을 준비를 하고 그곳에서 번식하며 새끼를 낳아. 수컷 물개 한 마리는 수십 마리의 암컷과 짝을 짓고, 자신만의 영역을 정해서 살아가. 수컷 물개는 짝짓기를 할 때가 되면 굶으면서까지 암컷을 지키지. 암컷 물개는 한 번에 한 마리의 새끼를 낳고, 젖을 먹여 키운단다.

▲ 물개는 지느러미로 땅을 걸어 다녀.

사람처럼 웃는 동물들

사람처럼 동물들도 웃을 수 있을까? 영국의 생물학자인 찰스 다윈은 1872년에 낸 책에, 여러 동물이 사람처럼 표정이나 소리로 감정을 표현한다고 했어. 또 많은 과학자들이 동물들을 간지럽힌 후 반응을 통해 웃음소리에 대해 관찰하고 연구한 결과, 고릴라, 개, 쥐와 같은 동물의 웃음소리를 밝히기도 했어. 고릴라는 서로 간지럼 태우며 노는데, 이때 사람과 비슷한 웃음소리를 내기도 해. 쥐와 같은 동물은 사람과 같은 소리는 아니지만 찍찍 하는 식으로 웃음소리를 낸다고 해. 동물들도 다양한 감정이 있다면 동물만의 방식으로 그 감정을 표현하고, 웃을 수 있지 않을까?

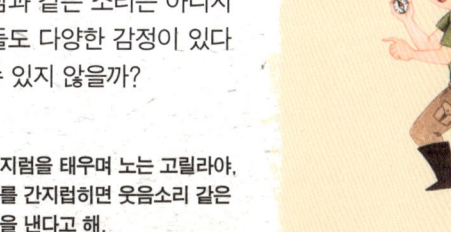

수컷 물개는 몸속에 미리 쌓아 둔 영양분으로 두 달 넘도록 버틸 수 있답니다.

▶ 간지럼을 태우며 노는 고릴라야,
▼ 쥐를 간지럽히면 웃음소리 같은 것을 낸다고 해.

다시 읽는 고사성어 16

사상누각(沙上樓閣)

모래 위에 세운 다락집

"헤헤, 역시 우리 학교 독서왕은 나라니까!"

민재는 친구들 앞에서 으쓱하며 거들먹거렸어. 학교 도서관에서 달마다 책을 가장 많이 빌려 간 친구들을 독서왕으로 뽑아서 상을 주는데, 이번 달에도 민재가 독서왕으로 뽑혔거든.

그런데 사실 민재는 책을 열심히 빌려 가기만 했지, 한 권도 제대로 읽은 적이 없어. 책을 좋아하는 민재이긴 하지만, 독서왕 자리를 놓치기가 싫어서 어느 날부터는 빌려 간 책을 대충 훑어보거나 다 읽지도 못한 책을 반납하는 일이 많았거든. 민재는 독서보다 상에 더 관심이 많았던 거야.

오늘은 민재네 반에서 독서 골든벨이 있는 날이야. 선생님이 정해 준 몇 권의 책을 읽고, 쉬운 문제부터 어려운 문제까지 퀴즈를 끝까지 맞추는 친구에게 특별한 선물을 주겠다고 미리 이야기해 둔 상태였지.

"독서 골든벨 상은 평소 책을 가장 많이 빌리는 나지!"
 민재는 독서 골든벨 시작 전부터 친구들에게 떠벌렸어. 드디어 독서 골든벨이 시작되었어. 그런데 가장 쉬운 첫 문제부터 민재가 탈락했지 뭐야. 결국 민재네 반 독서 골든벨 상은 수민이 차지가 되었어.

"자, 수민이에게는 책 읽을 때 더 편히 보라고 선생님이 특별히 준비한 독서대를 줄게."

아이들은 모두 부러운 얼굴이었어. 쉬는 시간만 되면 밖으로 뛰쳐나가 노는 많은 친구들과 달리, 수민이는 평소에도 조용히 앉아서 틈만 나면 책 읽기를 좋아하는 친구였거든. 한 번 읽은 책이 좋으면 읽고 또 읽는 수민이였어.

수민이를 부러워하는 반 친구들을 보면서 민재는 괜히 심통을 부리며 말했어.

"선생님, 문제 잘못 내신 거 아니에요? 수민이도 맞추는 문제를 독서왕인 제가 못 맞출 리가 없다고요!"

입을 쭉 내밀며 투덜대는 민재에게 선생님이 이야기했어.

"민재야, 책을 읽는 것도 **사상누각**과 같아서는 아무 소용이 없어. 모래 위에 집을 지으면 금방 무너지잖아? 그렇듯이 뭐든 기초가 충실하지 않은 것은 그 힘이 약할 수밖에 없거든. 기초에 충실하지 않은 책 읽기는 결국 자기 것이 될 수 없단다. 오늘부터는 책을 많이 빌리는 것보다 책 내용을 하나하나 찬찬히 읽으면서 민재 것으로 만들어 보는 게 어떨까?"

민재는 머리를 긁적였지만, 선생님의 말이 무슨 뜻인지 알 것 같았어.

"그래, 나도 앞으로는 진짜 독서왕이 되어야지!"

 **사상누각은 모래 위에 세운 다락집처럼 기초가 약해서 오래 유지되지 못하고 쉽게 무너질 일이나, 실현되기 어려운 일을 뜻해. 사상누각이 되지 않도록 어떤 일이든 기초부터 튼튼히 하는 게 좋겠지?**

* 사상누각 : 沙(모래 사) 上(위 상) 樓(다락 누[루]) 閣(집 각)

푸름 박사의 생태 이야기

모래에 집을 짓는 동물이 있다고?

작은 몸으로 이렇게 근사한 집을 만드는 물고기라니 정말 놀랍군요.

모래 위에 지은 집은 약해서 금방 무너지기도 하겠지만, 어떤 동물은 모래 위에 꼭 집을 지어야만 해. 그 주인공은 바로 '흰점박이복어'야. 흰점박이복어는 몸 크기가 약 10센티미터 정도 되고, 그 이름처럼 등에 하얀 반점이 있고 복부에도 반짝이는 하얀 점이 있어. 그런데 이 물고기는 특이하게도 모래 위에 자기 몸보다 훨씬 큰 원형의 모래집을 만들어. 모래집은 마치 예술 작품처럼 정교한 무늬를 띠는데, 1995년에 일본 아마미 오시마섬 연안에서 처음 발견되었어. 그때까지만 해도 그 모래 언덕 모양이 어떻게 생겨난 건지 몰랐지만, 최근에 흰점박이복어가 지은 집이라는 사실이 밝혀진 거지. 흰점박이복어가 이렇게 모래집을 짓는 이유는 짝짓기를 하기 위해서야.

▶ 흰점박이복어의 모래집이야.

수컷 흰점박이복어는 지느러미를 열심히 움직여서 흙을 갈라 원형 무늬를 만드는데, 최소 6일 동안 자기 몸집보다 약 20배까지 크기를 넓힌 후, 모래와 조개껍질로 장식을 해.

수컷이 만들어 놓은 원형 모래집 가운데에서 암컷과 수컷이 단 몇 초 만에 짝짓기를 하고 암컷은 알을 낳아. 그리고 암컷은 이 모래집을 떠나 다시 돌아오지 않지. 수컷은 홀로 남아서 수정란을 보호하는데, 모래를 지느러미로 마구 휘저으며 수정란들에게 산소를 공급해. 수정란에서 새끼들이 깨어나면 수컷 흰점박이복어는 다시 모래집을 지으며 다음 번식을 준비한단다.

아프리카 말라위 호수와 탕가니카 호수에서 볼 수 있는 '아프리칸 시클리드'도 짝짓기를 위해 분화구 모양의 작은 모래 언덕 집을 만든답니다.

모래를 이용해 먹이를 사냥하는 개미귀신

모래밭에 구멍을 파 집을 만들고 그 안에 살면서, 모래를 이용해 먹이를 사냥하는 곤충이 바로 '개미귀신'이야. 개미귀신은 명주잠자릿과의 애벌레를 통틀어 부르는 이름이야. 회갈색의 몸은 1센티미터 정도 되는데, 모래밭에 깔때기 모양의 구멍을 파서 집을 만들어. 그리고 집 둘레를 가는 모래로 장식하는데, 그 이유는 개미나 자그마한 벌레들이 모래가 무너져 쉽게 굴러 떨어지도록 하기 위해서야. 개미귀신은 모래집 속에 숨어 있다가, 작은 벌레 등이 모래 구멍 안으로 떨어지면 모래를 끼얹어서 도망가지 못하게 하고, 집게처럼 생긴 커다란 턱으로 먹이의 즙을 빨아먹어. 그리고 남은 껍질을 집 밖으로 던져 버린단다.

◀ 개미귀신 집의 단면도야.
▼ 개미귀신 집(왼쪽)과 개미귀신(오른쪽)이야.

다시 읽는 고사성어 17

사족(蛇足)

뱀의 발

옛날, 중국의 초나라 때 이야기야. 어떤 사람이 집안의 제사를 지내고 나서, 하인들에게 술을 한 주전자 내주었어.

주전자 속의 술을 확인한 한 하인이 말했지.

"이걸로 우리 모두가 같이 먹기는 부족할 듯하네. 우리 내기를 해서 한 사람이 이 술을 모두 마시는 게 어떻겠나?"

"좋아, 그렇게 하자고!"

하인들은 뱀을 가장 빨리 그리는 사람이 술을 차지하기로 했지. 뱀을 그리기 시작한 지 얼마 안 되어서, 한 사람이 말했어.

"다 그렸다! 자, 이 술은 내 차지일세."

뱀을 다 그린 사람이 술 주전자를 잡으려다 말고, 다시 말했지.

"잠깐, 뱀 발이 빠졌군."

뱀을 가장 먼저 그린 사람이 뱀에 발을 그려 넣는 동안, 다른 사람이 뱀 그림을 완성했어. 그리고 말했지.

"이 술은 내 것이야!"

술 주전자를 차지한 하인은 뱀의 다리를 그리던 사람을 향해 비웃으며 말했어.

"자네도 참 딱하군 그래. 있지도 않은 **사족**을 그린답시고 술 한 주전자를 내게 빼앗겼으니 말일세."

'사족'은 원래 뱀을 그리고 발을 그려 넣는다는 뜻의 '화사첨족'에서 나온 말이야. 즉 사족이란 쓸데없거나 불필요한 것을 뜻한단다.
* 사족 : 蛇(뱀 사) 足(발 족)

다리가 있어도 사용하지 않는 동물은?

▲▶ 네발나비
애벌레(위)와
네발나비(오른쪽)야.

네발나비의
몸 색깔은
계절마다 어떻게
달라지나요?

　뱀은 다리가 없어도 잘 기어다니기 때문에, 지금으로써는 뱀에게 굳이 다리가 필요 없는 것일지 몰라. 그런데 어떤 동물은 다리가 있어도 사용하지 않는단다.
　보통 곤충의 경우, 다리는 모두 세 쌍 즉 6개야. 그런데 곤충 중에 '네발나비'는 다리가 4개라서 네발나비인 걸까? 얼핏 보면 네발나비 다리는 4개처럼 보이기도 해. 하지만 자세히 보면 앞다리 한 쌍이 아주 짧거나 늘 접어 두어서 없는 것처럼 보여. 즉 잘 쓰지 않는 앞다리는 사용하지 않아서 퇴화된 것이라, 털이나 솔처럼 보여. 이 앞다리는 걷는 데 쓰는 게 아니라, 번데기에서 막 나올 때나 번데기 허물을 붙잡을 때, 알을 낳기 전 등에만 잠깐씩 쓴단다.
　네발나비는 낮은 계곡 주변이나 강가 등에서 아주 흔하게 볼 수 있는 나비야. 흰색, 노란색 등의 날개에 눈에 띄게 도드라지는 무늬가 있지. 뒷날개 아랫면에는 흰색의 'C' 모양 무늬가 있어서 '남방씨알붐나비'라고 불리기도 했어.

네발나비 애벌레는 혹 모양의 돌기와 뿔, 가시가 특징이고, 먹이로 먹는 환삼덩굴의 잎을 말아 집을 짓고 지내.

가을에 보이는 네발나비는 봄이나 여름에 볼 수 있는 네발나비와 날개의 색이나 모양이 조금씩 달라. 여름에 볼 수 있는 네발나비들은 주로 나무 진에 모여들고, 가을에 볼 수 있는 네발나비는 구절초 같은 꽃의 꿀을 빨아먹는 것을 볼 수 있단다.

네발나비 여름형은 윗면에 노란 갈색에 검은 점무늬, 아랫면엔 연한 황갈색에 갈색 줄무늬가 있지만, 가을형은 윗면이 붉은색, 아랫면은 짙고 붉은 갈색을 띤답니다.

뱀에게도 쓸모 있던 다리

미국의 한 연구 팀에 의하면 뱀에게도 원래는 다리가 있었다고 해. 브라질에서 1억 천 만 년 전의 뱀 화석으로 추정되는 것이 발견되었는데, 네 개의 발이 달려 있다는 거야.

이 화석 속의 뱀은 몸길이가 약 20센티미터이고, 앞다리에는 손이 달려 있으며, 앞다리보다 살짝 긴 뒷다리에 발이 달려 있는 것으로 분석되었어. 마치 지금의 도마뱀 모습처럼 말이야. 하지만 뱀이 땅을 파고 살면서 다리가 필요 없어지자, 퇴화되어 지금처럼 발이 전혀 없는 모습이 되었다는 거야. 원래 뱀이 다리를 가진 동물이었다면 '사족'이라는 말은 완전히 다른 의미가 되었겠지?

▼ 네 발 달린 뱀은 아마도 이런 모습이었을 거야.

다시 읽는 고사성어 18

살신성인(殺身成仁)
자신의 몸을 던져 바른 일을 이룬다

텔레비전에서 뉴스를 보고 있던 서연이 아빠가 놀라며 말했어.

"서연아, 저것 좀 봐. 세상에, 지하철역 플랫폼에서 선로에 떨어진 어르신을 저 대학생이 내려가서 구했대!"

스마트폰만 만지작거리던 서연이는 아빠 옆에 와 텔레비전 뉴스로 얼른 눈을 돌렸어.

"와, 어떻게 저럴 수가 있어요? 열차가 곧 들어올 수도 있는데, 잘못하면 자기도 목숨이 위험해질 텐데 저 할아버지를 위해서 무작정 뛰어내리다니……!"

서연이 아빠는 계속 감탄하는 얼굴로 뉴스를 보며 말했어.

"그러게 말이다. 요즘처럼 남의 일에 관심 안 두는 각박한 세상에 정말 쉽지 않은 일인데, 저렇게 다른 사람을 위해 자기 몸을 희생할 각오까지 하며 **살신성인**하는 청년이 있다니 정말 감동이네."

서연이가 갑자기 아빠 팔에 매달렸어.

"아빠, 그럼 아빠도 저를 위한 살신성인의 마음으로 뉴스 끝나고, 텔레비전 채널 양보하시는 게 어때요? 조금 있으면 제가 좋아하는 프로그램 시작할 시간이란 말이에요. 네?"

"아이고, 서연아 그 말을 그새 그렇게 써먹니? 못 말린다!"

 살신성인은 자신의 목숨을 희생해서라도 좋은 일을 하는 사람을 두고 많이 쓰이는 말이야. 남을 먼저 생각하고 행동하는 것은 쉽지 않지만, 세상에는 분명 그런 사람들이 있단다. 살신성인의 자세를 지닌 역사 속 인물을 한번 찾아볼까?
* 살신성인 : 殺(죽일 살) 身(몸 신) 成(이룰 성) 仁(어질 인)

푸름 박사의 생태 이야기

새끼에게 자기 몸을 먹이로 내주는 거미가 있다고?

▶ 벨벳거미는 새끼에게 자신의 몸을 먹이로 주는 거미로 알려져 있어.

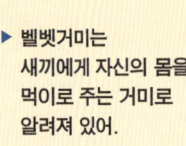

벨벳거미는 어쩌다가 자기 몸을 다 내주면서 새끼들을 기르게 되었을까요?

자신의 몸을 희생해서 남을 돕는 살신성인의 모습이 꼭 사람에게만 해당되는 것은 아니야. 동물 세계에도 자기 몸을 희생하는 살신성인의 동물이 있거든. 앞에서 살펴봤던 사마귀의 경우 짝짓기를 하고 난 암컷이 수컷을 잡아먹는다고 했었지? 이렇게 어떤 동물들은 같은 종의 동물을 잡아먹기도 해. 심지어 어미가 새끼를 해치기도 하지. 그런데 북아프리카와 중동의 사막 지역에 사는 '벨벳거미'는 새끼에게 자기 몸을 먹이로 내주기로 유명해.

이스라엘 곤충 연구자들의 연구 결과에 따르면, 벨벳거미는 새끼가 알에서 깨어나기 전에 수십 개의 알이 들어 있는 알 주머니를 품으면서 몸이 녹기 시작한다고 해. 이때 내장의 일부가 반 액체 상태로 바뀌는데, 새끼가 알에서 깨어나기 시작하면 벨벳거미 어미의 몸은 더 빨리 녹아. 벨벳거미 어미는 알에서 깨어난 새끼들에게 먹이를 소화시켜 게워 낸 후 먹이는데, 새끼가 더 이상 먹을 것이 없을 때쯤 되면 새끼들은 거의 액체 상태가 된 어미의 몸을 먹어. 불과 2~3시간 동안 어미의 배에서 체액을 모두 빨아먹지. 벨벳거미 어미는 새끼들에게 줄 먹이를 소화시키고 게우면서 체중이 엄청 줄고, 다시 새끼들에게 주기 위해 몸을 액체 상태로 녹이면서 미라처럼 껍질만 남게 된단다.

▲ 껍질만 남은 어미 벨벳거미의 모습이야.

피부 속에 새끼를 품는 개구리

벨벳거미는 자기 몸을 새끼에게 먹이로 내주는가 하면, 피파개구리 암컷은 자신의 등 피부에 알을 품어. 피파개구리는 남아프리카에 사는 개구리인데, 암컷이 알을 낳으면 수컷이 알들을 암컷의 등으로 옮기고 암컷은 등껍질을 부풀려 알을 품지. 그럼 알이 피부 속으로 파고들면서 박히고, 알들은 그 안에서 부화하여 올챙이 상태가 돼. 피파개구리는 알을 부화시킬 때까지 위험한 상황에 처하지 않도록 거의 움직임 없이 물속에서만 지내. 피파개구리 어미 등에서 부화한 올챙이들은 등가죽의 피부를 뚫고 나오는 거야. 이쯤 되면 피파개구리도 살신성인하는 동물이라고 할 수 있겠지?

아마도 사막이라는 거친 환경에서 살아남기 위해 이런 방식으로 진화되었을 거예요.

◀ 피파개구리 암컷의 등에 알이 붙어 있는 모습이야.

다시 읽는 고사성어 19

선견지명(先見之明)
먼저 보는 밝은 눈

오늘은 신나는 야외 체험 학습 날이야. 현주네 반은 옆 반과 함께 놀이동산으로 왔어. 4명씩 팀을 이루어 오전에는 신나게 놀이 기구를 타고, 점심시간에는 풀밭에 둘러앉아 집에서 싸 온 도시락을 나눠 먹기로 했어.

"우리 얼른 점심 먹고, 빨리 놀이 기구 더 타러 가자. 인기 많은 건 줄 서서 꽤 오래 기다려야 하니까."

도시락 뚜껑을 여니, 현주가 좋아하는 김치볶음밥과 과일이 먹음직스럽게 담겨 있었어. 그런데 아무리 찾아봐도 포크나 젓가락이 없는 거야.

"아, 우리 엄마 또 깜빡했나 봐! 어떡하지?"

어쩔 줄 몰라 하는 현주에게 민정이가 젓가락을 하나 내주었어.

"어? 민정아, 젓가락 하나 더
싸 온 거야?"
현주의 물음에 민정이가 고개를 끄덕였어.
"응, 엄마가 혹시 수저 안 가져 온 친구 있을지도 모른다고
하나 더 가져가라고 챙겨 주셨거든."
그러자 옆에 있던 소희가 손뼉을 치며 말했어.
"와, 민정이네 엄마 **선견지명**이 있으시네!"
네 아이는 깔깔거리며 시끌시끌 맛있게 점심을 먹었단다.

선견지명은 앞으로 닥쳐올 일을 미리 알아채는 지혜로움을 뜻해.
앞으로의 일을 정확히 알 수 있는 사람은 없겠지만 현재에 충실하고
주변을 두루 살피다 보면, 급작스러운 일에 대비할 수 있는 지혜가 생기겠지?
* 선견지명 : 先(먼저 선) 見(볼 견) 之(갈 지) 明(밝을 명)

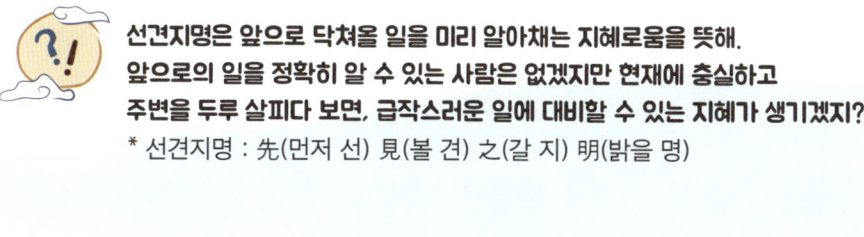

푸름 박사의 생태 이야기

조개껍데기를 한 번에 박살내는 가재가 있다고?

사람들이 쓰는 선견지명의 의미와는 조금 다르긴 하지만, 한자어의 뜻 그대로 멀리 내다보는 눈을 가진 동물이 있을까?

태평양과 인도양 등 따뜻한 바다에 사는 공작갯가재는 화려한 외모만으로도 아주 독특한 동물이야. 몸통은 초록색, 꼬리는 파랑과 보라색, 다리는 빨간색을 띠어 알록달록한 공작새를 닮았다고 해서 이름도 '공작갯가재'야. 화려한 외모도 외모지만, 공작갯가재는 색을 감지하는 능력이 뛰어난 성능 좋은 눈을 가지고 있다고 해.

툭 튀어나온 두 눈은 따로따로 움직일 뿐 아니라, 360도로 돌아가면서 자외선과 적외선을 모두 알아내지. 공작갯가재의 눈은 20여 개의 색 수용체를 가지고 있기 때문에 사람이 보지 못하는 것까지도 구분할 수 있는 능력을 가지고 있어.

공작갯가재의 능력은 이게 다가 아니야. 공작갯가재의 앞발은 마치

공작갯가재 앞발의 힘으로 어항 유리가 깨져 버리기도 한다지요?

▼ 몸 색깔이 마치 형광처럼 빛나는 공작갯가재야.

사마귀를 닮았는데, 이 앞발로 자기 몸무게보다 100배 정도 강력한 힘을 지닌 펀치를 날리거든. 공작갯가재는 물고기, 게, 오징어, 조개 등을 먹고 사는데, 이 앞발로 몇 번 때리면 조개껍데기가 바로 박살 날 정도지.

◀ 실제로 맨손으로 공작갯가재를 잡으려다 손가락을 크게 다친 어부도 있다고 해.

시속 80킬로미터의 빠른 속도로 주먹을 날리면 게의 집게발도 순식간에 부러져. 그래서 공작갯가재는 바다의 난폭자로 불리기도 한단다.

> 공작갯가재가 앞발을 날리는 속도는 사람이 눈을 깜빡이는 것보다 50배나 빠르답니다.

공작갯가재도 꼼짝 못하는 디스코조개

강력한 펀치와 난폭한 성질로 조개껍데기도 순식간에 박살 내고, 자기 몸만한 게의 집게발도 부러뜨리는 공작갯가재이지만, 디스코조개 앞에서만은 움찔하는 모습을 보이기도 해. 다른 조개를 공격하듯 했다가 뒷걸음질치고, 다리를 떨기도 하는 모습이 관찰되었지. 디스코조개는 조갯살 사이로 마치 전기라도 흐르는 것처럼 반짝반짝 하얀빛이 나는 게 특징이야.

디스코조개는 자기를 위협하는 적이 다가오면 이 빛을 다른 때보다 두 배 빠른 속도로 반짝반짝거리면서 적을 경계해. 만약 적이 계속 공격한다면, 황 성분이 들어 있는 점액질을 뿌려서 적을 물리치는 방법을 쓴다고 해.

▶ 디스코조개는 가리비의 일종으로, '전기조개', '불꽃조개'로 불리기도 해.

고사성어 20 다시 읽는

세한송백(歲寒松柏)
추운 겨울의 소나무와 측백나무(잣나무)

민주는 집에 친구들을 데려와서 노는 걸 좋아해. 민주는 언니나 오빠, 동생이 없는 외동딸이었거든.

"지연아, 오늘 우리 집에 가서 놀지 않을래?"

지연이는 다른 친구들과 잘 지내지만, 학교가 끝나면 곧장 집으로만 가는 친구라서 민주는 지연이랑 조금 더 친해지고 싶었어.

"자, 떡볶이 먹고 놀렴."

민주 엄마는 아이들에게 떡볶이를 만들어 주었어.

"잘 먹겠습니다! 집에서 만든 떡볶이 진짜 오랜만이야."

사실 지연이가 아주 어릴 때, 사고가 나서 부모님이 일찍 돌아가셨어. 그래서 할머니와 함께 살고 있었지. 일하러 나가시는 할머니 대신 지연이가 이런저런 집안일을 하느라 친구들과 어울릴 시간이 없었던 거야.

"지연아, 너 정말 대단해. 학교 다니면서 집안일까지 하다니!"

민주의 물음에 지연이가 웃으며 말했어.

"아니, 전혀 안 힘들어. 가족의 일이니 함께 해야지."

민주 엄마가 지연이 머리를 쓰다듬고 미소 지으며 말했어.

"우리 지연이는 **세한송백**처럼 한결같고 씩씩한 아이네. 떡볶이 먹고 싶을 땐 언제든 놀러 오렴."

세한송백은 추운 계절에도 잎이 지지 않는 소나무와 측백나무처럼 어떤 역경에도 쓰러지지 않는 굳은 마음을 뜻해.
세한송백의 자세를 지니려면 어떻게 하는 게 좋을까?
* 세한송백 : 歲(해 세) 寒(찰 한) 松(소나무 송) 柏(나무이름 백)

측백나무는 추운 곳에서도 살아남는다고?

'세한송백'의 '백'은 우리나라에서는 측백나무나 잣나무를 뜻하는 글자로 쓰여. 하지만 이 고사성어가 유래된 중국에서는 '측백나무'의 뜻으로 쓰였지. 소나무와 측백나무는 추운 계절에도 늘푸른나무야. 소나무는 흔히들 알고 있을 텐데, 측백나무는 어떤 나무일까?

측백나무는 원산지가 중국으로 알려진 늘푸른바늘잎나무야. 하지만 우리나라에도 측백나무가 저절로 자라는 곳이 있고, 대구의 측백나무 자생지는 천연기념물로 지정되기도 했어. 측백나무는 저절로

> 측백나무는 중국에서 배를 만들거나 관을 짤 때 쓰는 등 쓰임이 아주 많던 나무지요.

▼ 측백나무는 25미터 정도의 높이로 크게 자라. 잎은 작은 비늘 모양으로 모여난단다.

자라기도 하지만, 관목용으로 일부러 심어 기르기도 해. 원래 측백나무는 크게 자라는 나무지만, 우리나라에서는 좀 늦게 자라고 아주 크게 자라지는 않아.

측백나무의 가지와 잎은 꼿꼿하게 자라는 편인데, 납작한 모양의 잎은 비늘처럼 포개어 달려. 잎의 앞뒤는 모양과 색깔이 거의 같고 모두 한쪽 방향을 향하고 있지. 봄이 되면 수꽃과 암꽃이 한 나무에 같이 피고, 꽃이 지고 난 자리에 초록색 열매가 달려. 그리고 가을이 되면 갈색으로 익은 열매 사이로 작은 씨앗이 보이지. 측백나무는 추위에 강해서 한겨울에도 푸른 모습을 간직할 뿐만 아니라, 가뭄이나 벌레, 공해에도 강하기 때문에 기르기 쉬운 나무란다.

약으로 쓰는 측백나무

측백나무의 잎, 가지, 열매는 예부터 약으로 많이 쓰여 왔어. 한방에서 잎은 장 출혈 등 피를 멎게 하는 데 쓰고, 식은땀이나 신경 쇠약, 불면증 등에는 씨를 말려서 약으로 썼어. 또 백일해나 심장병, 방광염 등의 민간 약으로 쓰기도 했고, 술을 빚어 마시기도 했다고 해.

옛날 《동의보감》에도 측백나무 열매는 잘 놀라는 증세를 낫게 하고, 오장을 편하게 하며 기운을 돕는다고 기록되어 있어. 또한 잎은 피를 토하는 것, 코피나 혈변을 낫게 하는 약이라고 기록되어 있단다.

▼ 측백나무의 잎과 열매는 약으로 많이 쓴단다.

공원이나 정자 등에 측백나무를 많이 심는데, 여러 그루를 빽빽하게 심어 울타리처럼 만들기도 합니다.

다시 읽는 고사성어 21

송무백열(松茂栢悅)
소나무가 무성하면 측백나무(잣나무)가 기뻐한다

월요일 아침, 서인이는 학교 가는 발걸음이 날아갈 듯 가벼웠어. 친구들을 워낙 좋아하는 서인이는 일요일만 되면 얼른 월요일이 오기만을 기다렸지.

"서인아, 어떤 애들은 공부하기 싫어서 학교 가기 싫다는데, 너는 학교 가는 게 그렇게 좋아?"

엄마가 물으면 서인이는 늘 이렇게 대답했어.

"난 친구들 많은 학교가 제일 좋아요!"

서인이는 교문 앞에서 단짝 친구 지언이를 만났어.

"서인아, 서인아. 나 주말에 발레 콩쿠르 나갔는데 대상 탔어, 대상!"

"대상이라고? 정말 대단하다! 완전 축하해!"

서인이는 지언이와 손뼉을 마주 치고 팔짝팔짝 뛰면서 지언이보다 더 기뻐했어. 마침 출근하던 담임 선생님이 둘의 이야기를 듣게 되었지.

"서인이랑 지언이는 다툰 적도 없고, 한결같이 사이좋게 지내는 데다가 친구의 기쁨을 자기 일처럼 기뻐하니, 정말 **송무백열**이구나!"

송무백열은 겨울이 와도 늘 푸른 소나무와 측백나무처럼 항상 변하지 않는 벗과의 우정을 뜻해. 친구의 기쁜 일을 내 일처럼 기뻐해 본 적이 있니?
* 송무백열 : 松(소나무 송) 茂(무성할 무) 栢(나무이름 백) 悅(기쁠 열)

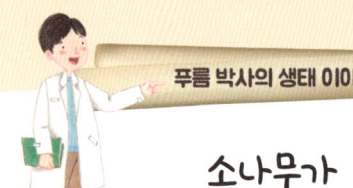

푸름 박사의 생태 이야기
소나무가 무성하면 기뻐할 생물이 또 있다고?

소나무와 측백나무는 둘 다 늘푸른나무에 속하기 때문에, 친구와 같은 사이라는 뜻에서 '송무백열'이라는 말이 생겨났을 거야. 자연에서 실제로 소나무가 기뻐하면 측백나무도 기쁠지는 알 수 없는 일이지만, 잘 자라는 소나무가 있다면 실제로 기뻐할 생물이 있어. 바로 '송라'라는 소나무겨우살이야. 송라는 나무껍질이나 바위에 붙어 자라는 지의식물이야.

송라는 15~50센티미터 정도 길이의 실 모양으로 자라는데, 대나무처럼 마디가 있어. 아주 깊은 산이나 해발 1500미터 정도 되는 높은 산의 나무가 우거진 습하고 그늘진 곳에서 자라지. 가는 실 모양으로 자라는 송라는 뒤엉키듯 처져서 자라는데, 무성한 나무에 붙어 자라면서 결국 그 나무도 죽게 만들어. 붙어 자라던 나무가 죽으면 송라도 더 이상 영양분을 공급받을 데가 없어지기 때문에, 함께 죽을 수밖에 없지. 어쩌면 송라는 무성한 소나무를 좋아할지 몰라도, 소나무는 송라가 영 달갑지 않은 손님일 거야.

▶ 송라는 나무에 기생해 자라.

송라는 우리나라에서 보기 드문가요?

송라는 소나무, 가문비나무 같은 침엽수 고목의 줄기나 죽은 가지에 붙어서 자랄 뿐 아니라, 잣나무, 자작나무, 고로쇠나무 등에서도 자라고 버섯 위에서도 자란다고 해. 맛도 맵고 향은 없지만, 최근에 송라가 암에 효과가 있다는 것이 알려지면서 약초로 쓰이기도 한단다.

◀ 송라는 나뭇가지와 줄기에 실타래처럼 늘어져 자란단다.

기생식물의 약 효과

다른 나무의 영양분을 빼앗아 먹고 자라서일까? 나무에 기생해 사는 지의식물들은 약효 성분을 가진 것들이 꽤 있어. 송라는 북극이나 열대 지역에서 야생 동물 먹이로 쓰이지만 옛날에는 백일해나 뇌전증 등의 질병 치료에 쓰였다고 해. 지금도 약재로 이용하는데, 송라를 말려서 달여 마시면 암, 고혈압, 두통, 고열, 기침이나 가래 등에 좋대. 또 가루를 내어 바르면 피부염이나 무좀, 땀띠 등에도 효과가 있다고 해. 소나무에 붙어 자라는 '송담'은 혈압을 조절해 주고 빈혈에도 좋다고 해. 뿐만 아니라 진통제의 역할을 하고 혈액 순환을 도와주는 효과가 있어서, 잘 말려 끓는 물에 우려서 먹기도 한단다. 관절염이나 성인병에도 좋다고 하는데, 뭐든 좋다고 해서 과하게 섭취하는 건 좋지 않겠지?

◀ 송담은 소나무를 타고 올라가는 담쟁이덩굴이야.

송라는 지리산이나 오대산, 제주도의 한라산 같은 곳에서 발견되기도 하지요. 어떤 종류의 송라는 염료의 재료가 되기도 한답니다.

고사성어 다시 읽는 22

수어지교(水魚之交)
물과 물고기의 사이

옛날 중국 삼국 시대 때, 강북 땅은 '조조'라는 이가 차지하였고 강동에서는 '손권'이 힘을 키우고 있었어. 후한의 '유비'는 나라를 다시 일으키고자 '관우', '장비'와 의형제를 맺어서 군사를 일으켰지만, 제대로 뜻을 펼치지 못했지.

"관우와 장비 같은 든든한 장수는 있지만, 내겐 뛰어난 지략가가 없다."

유비는 자신에게 뛰어난 군사 전략가가 없다는 것이 늘 아쉬웠어. 그래서 여기저기를 수소문해서 결국 남양에 사는 '제갈량'을 알아냈어.

유비는 의형제인 관우, 장비와 함께 재물들을 가득 싣고, 제갈량이 살고 있는 초가집으로 찾아갔어.

"나를 도와 함께 나라를 일으키지 않겠소?"

"저는 그저 하찮은 사람일 뿐입니다. 어지러운 세상을 피해 이곳에 파묻혀 조용히 논밭이나 갈며 살고 싶습니다."

제갈량은 유비의 제안을 거절했지만, 유비는 포기할 수 없었어. 그래서 그 이후로 두 번이나 더 제갈량을 찾아갔어.

"황송하게 미천한 저를 찾아 이 초라한 초가집으로 세 번이나 몸소 찾아와 주셨으니, 이 한 몸 다해, 뜻을 함께하겠습니다."

결국 제갈량은 유비의 제안을 받아들였지.

제갈량은 과연 뛰어난 전략가였어.

"지금 세력이 강한 조조와 싸우면 위험하니, 손권과 손을 잡고 우선 조조를 견제하십시오."

유비는 모든 일을 제갈량의 조언에 따랐어. 그리고 결국 제갈량의 도움을 받아, 촉한을 세울 수 있었지.

유비는 제갈량을 매우 믿고 따랐으며, 제갈량 또한 자신의 말을 존중해 주는 유비에게 온 마음을 다해 충성했단다.

하지만 유비와 먼저 의형제를 맺은 관우와 장비는 제갈량만 아끼는 유비가 못마땅했어. 그래서 어느 날 유비에게 따지며 말했지.

"한참이나 젊은 제갈량을 그렇게 극진하게 대하는 것은 너무 과하신 것 같습니다."

그러나 유비는 흔들림 없는 얼굴로 말했어.

"내가 제갈량을 얻은 것은 **수어지교**와 같다네. 물고기는 물이 없으면 살 수가 없듯이, 나 또한 제갈량이 없으면 안 된다네. 그러니 더 이상 그런 말들을 하지 말게."

유비의 말에 관우와 장비는 더 불평할 수 없었단다.

 수어지교는 물과 물고기 같은 사이, 즉 떨어져서 살 수 없을 만큼 아주 가까운 사이를 뜻해. 주위에 수어지교라고 말할 수 있는 친구가 있니?
* 수어지교 : 水(물 수) 魚(물고기 어) 之(갈 지) 交(사귈 교)

푸름 박사의 생태 이야기

물고기와 특별한 사이인 바다 동물은?

▲ 산호는 주로 100미터 깊이의 얕은 바닷속에 무리 지어 살아.

산호가 바다 생물 종 25%의 보금자리 역할을 하고 있다니 바다 생태계에 없어서는 안 될 동물이네요.

  물고기는 물이 없으면 살 수 없어. 그만큼 수어지교는 그냥 가까운 사이가 아닌 그 이상의 특별한 사이를 뜻해. 물고기에게 물이 중요한 것만큼이나 중요한 바다 동물이 있는데, 그게 바로 '산호'야.
  '바다의 꽃'이라고도 불리는 산호는 얼핏 보면 식물처럼 보이기도 하지만 입, 위와 장, 촉수를 가지고 있는 동물이야.
  산호는 지중해나 태평양 등 20도 이상의 따뜻한 바다에 많이 사는데, 그 종류도 아주 다양해. 산호를 크게 연산호와 경산호 두 종류로 나눌 수 있는데, 단단한 골격을 가지고 있는 경산호가 흔히 '산호초'라고 불리는 것들이야. 다른 하나는 단단한 껍질이 없이 몸 전체가 부드러운 풀 같은 모습을 한 산호들이지. 산호는 그 종류에 따라 몸 색깔이나 모양, 촉수의 개수도 제각각인데, 이 촉수를 이용해서 먹이를 잡아먹는단다. 바닷속에 산호가 많으면 물고기들은 몸을 숨기기 좋아. 그래서 산호가 많은 곳에는 흰동가리, 쏠배감펭, 주걱치 같은 물고기나 끄덕새우, 집게 등이 함께 살고 있어. 특히 바다 동물들과 서로 도움을 주고받는 산호들도 있지.

산호는 공생하는 조류들에게 광합성을 할 수 있는 이산화탄소를 제공해 주고, 공생 조류들로부터는 광합성으로 만들어진 산소를 공급받아. 산호가 내는 알록달록한 예쁜 빛깔도 함께 도움을 주고받으며 사는 공생 조류의 색과 색소 단백질이 만나서 내는 빛깔이란다.

최근에는 산호 지역의 무분별한 개발과 환경 오염, 지구 온난화 등으로 산호초가 하얗게 변하고 있지요.

바다의 청소 동물, 청소놀래기

산호가 물고기의 집이 되어 주는 것처럼, 물고기의 청소부가 되어 도움을 주는 다른 물고기가 있어. 이 물고기는 그 이름부터 '청소놀래기'야. 청소놀래기는 상어처럼 커다란 물고기부터 여러 물고기의 이빨과 아가미 사이를 왔다 갔다 하면서 찌꺼기를 먹어 치우는 방식으로 청소해 줘. 짧게는 몇 초 또는 약 1분 동안 입안과 이빨, 아가미뿐 아니라 지느러미와 몸 구석구석을 청소한단다.

▶▶ 다른 물고기들의 몸을 청소해 주는 청소놀래기야.

다시 읽는 고사성어 23

숙맥불변(菽麥不辨)
콩인지 보리인지 분별하지 못한다

중국 춘추 시대 진(晉)나라 때 '여공'이 왕일 때의 일이야. 당시 귀족들 사이에는 서로 권력을 차지하려는 다툼이 치열했지.

여공은 '서동'이라는 이를 특별히 아끼고 믿어 중요한 나랏일도 모두 서동에게 맡겼어. 그러자, 서동은 나라를 자신의 손안에 넣고 쥐락펴락하며 마구 권력을 휘둘렀어.

"왕께서 서동만 편애하시니, 서동은 나날이 기고만장하여 그 꼴을 눈 뜨고 볼 수가 없습니다."

"이대로 두면 우리 목숨뿐 아니라, 나라가 위태로울 것입니다."

불만이 극에 달한 대신들은 서동을 없애 버렸어. 그리고 왕인 여공 또한 해치고 말았지. 대신들은 새로운 왕의 자리에 '도공'을 앉히고는 그의 뒤에서 나라를 이리저리 움직이려고 했어. 도공에게는 형이 있었는데 그에 대해서도 엉뚱한 소문을 내고 다녔지.

"도공은 아우이지만 매우 슬기롭고 총명하여 왕으로서 자격이 충분하다. 그러나 그의 형은 콩과 보리조차도 분별하지 못하는 **숙맥불변**이라, 왕으로 세울 수 없다."

 숙맥불변은 콩과 보리를 구별하지 못할 만큼 아주 어리석고 둔한 사람을 가리키는 말로 많이 쓰여. 세상 물정에 어두운 사람을 두고 흔히 '쑥맥'이라고 하는데, 쑥맥은 바로 이 숙맥불변에서 온 말이란다.
* 숙맥불변 : 菽(콩 숙) 麥(보리 맥) 不(아니 불) 辨(분별할 변)

보리와 구분이 잘 안되는 식물이 있다고?

▶ 보리(위)와 밀(아래)의 낟알을 자세히 살펴보면 다른 점을 알 수 있어.

보리나 밀이 아주 오래전부터 인류가 재배해 온 소중한 곡식이라는 것은 같지요.

    콩과 보리는 그냥 봐도 구분이 될 정도로, 다르다는 것을 한눈에 알 수 있어. 콩과 보리는 곡식으로 이용된다는 것이 같아. 하지만 콩은 콩과에 속하는 한해살이 곡식으로 꼬투리 열매를 맺고, 보리는 볏과에 속하는 두해살이 곡식으로 줄기 끝에 이삭이 열리지. 콩을 심으면 기름진 땅이 되기 때문에, 초여름 보리밭 이랑 사이에 심어 가을에 거두어. 콩과 보리를 구분하지 못한다는 것은 그만큼이나 둔한 사람이라는 뜻이지. 그런데 만약 '밀'이라면 어떨까?

밀도 보리처럼 볏과에 속하는 두해살이 곡식으로, 보리와 기르는 방법이 비슷해서 가을에 씨를 뿌리면 그 다음 해 여름에 곡식이 여물어. 사실 보리와 밀이 자란 모습을 보면 어떤 것이 보리이고, 어떤 것이 밀인지 구분이 잘 안되기도 해. 자라는 곳도 비슷하고, 키도 비슷하지. 또 곧게 자라나 속은 비고 겉은 매끈매끈한 줄기도 비슷해. 보리보다 밀이 약간 키가 크긴 하지만 그것도 그렇게 큰 차이는 아니야. 그런데, 낟알을 자세히 보면 밀과 보리가 어떻게 다른지 알 수 있단다.

보리는 낟알의 겉껍질에 붙은 수염이 길고 빳빳한 편이지만, 밀은 보리보다 이 수염이 짧은 편이야. 그리고 보리의 낟알은 좌우대칭으로 가지런하게 나는데, 밀의 낟알은 불규칙한 모양으로 지그재그로 나 있는 것을 알 수 있단다.

> 세계에서 가장 많이 길러 먹는 곡식인 밀은 우리나라에서 삼국 시대 이전부터 심어 길렀다고 해요. 물론 지금은 수입해 오는 것이 많아 심는 곳이 적지요.

보리와 밀의 다양한 쓰임

건강 곡식으로 밥을 지어 먹는 데 쓰이는 보리는 보리차나 엿기름을 만드는 재료로 쓰이기도 해. 또 맥주를 만드는 재료로도 많이 쓰이지. 쓰임이 많은 보리만큼 밀도 아주 다양하게 쓰여. 우리가 즐겨 먹는 아주 많은 음식들에 밀이 들어가 있어. 끈기가 있는 밀가루의 성질 때문에 밀가루로 빵이나 국수, 수제비 같은 것을 만들어 먹을 수 있지.
라면, 떡볶이 같은 간식이나 치킨, 튀김옷, 과자를 만드는 데에도 밀가루는 빠질 수 없는 재료야. 밀짚으로는 여름의 햇빛을 가려 줄 모자를 만들기도 한단다.

▲ 밀짚모자야.
◀ 밀가루는 많은 음식의 재료로 쓰여.

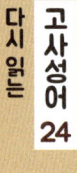

다시 읽는 고사성어 24

순망치한(脣亡齒寒)
입술이 없으면 이가 시리다

중국 춘추 시대 말에, 진(晉)나라는 우(虞)나라에 사신을 보내 많은 재물을 바치며 청했어.

"우리가 괵나라를 칠 수 있게 진나라에서 길을 내주시지요."

우나라에게 괵나라는 형제나 다름없는 나라였기에, 우나라 왕은 곤란했지만 진나라에서 보낸 재물에 마음이 흔들렸어.

그때 우나라의 충신이었던 '궁지기'가 우왕에게 말했어.

"괵나라는 우리 우나라의 보호 벽이나 마찬가지입니다. 괵나라가 망한다면 우나라도 함께 망하는 것입니다. 입술이 없어지면 이가 시린다는 속담처럼 괵나라와 우나라는 **순망치한**의 관계입니다. 그러니 무슨 일이 있어도 진나라에게 길을 내주어서는 안 됩니다. 진나라에게 길을 내주고 방심했다가는 분명 우리 우나라도 결국 망하게 될 것입니다."

궁지기의 말에도 우왕은 결국 진나라에게 길을 내주었어.

우나라의 도움을 받은 진나라는 계획대로 괵나라를 공격해 무너뜨렸어. 그런데 그만 우려했던 일이 벌어지고 말았어.

진나라는 괵나라를 멸망시키고 돌아오는 길목에서 우나라에 머물고 있다가, 우나라가 방심한 기회를 틈타 결국 우나라까지 공격해서 멸망시키고 말았단다.

**순망치한은 입술이 없어지면 이가 시린 것처럼,
서로 떼려야 뗄 수 없는 아주 가까운 사이를 뜻해.
우리 주변에서 순망치한의 관계라고 볼 수 있는 것들을 찾아볼까?**
* 순망치한 : 脣(입술 순) 亡(망할 망) 齒(이 치) 寒(찰 한)

푸롬 박사의 생태 이야기

이빨이 없는 동물도 있을까?

입술이 없어 이가 시리면 제 기능을 다하지 못하게 돼. 그만큼 우리 몸에서 치아는 아주 중요한 역할을 해. 음식물을 씹어 잘게 부수면서 소화를 도와주니, 우리가 필요한 영양분과 에너지를 섭취하는 데 매우 중요한 역할을 하는 거지.

그럼 동물들도 사람의 치아와 같은 이빨을 가지고 있을까? 동물에 따라 이빨의 생김새는 달라. 심지어 이빨이 아예 없는 동물도 있어. 그렇다면 이빨이 없는 동물들은 어떻게 먹이를 먹고 영양분을 섭취하며 살아갈 수 있을까?

개미핥기는 이빨이 없는 대신 끈끈하고 긴 혀를 날름 내밀어 개미들을 순식간에 핥아먹어. 먹이를 씹

달팽이도 이빨이 없는 동물인가요?

▶ (위에서부터 아래로)
해마, 나무늘보, 개미핥기, 아르마딜로는 이가 없는 동물들이야.

지 않기 때문에 이빨과 턱은 퇴화되었고, 혀와 입이 길게 발달한 거야. 끈끈한 혀로 곤충을 잡아먹는 두꺼비도 먹이를 씹지 않고 한번에 꿀꺽 삼켜 버리지.

갑옷을 입은 듯한 모습의 '아르마딜로'도 개미핥기처럼 끈끈한 침으로 먹이를 잡아먹어. 나무 위의 느림보 '나무늘보'도 이빨 없이 나뭇잎을 먹고 사는데, 위가 발달되어 있어서 나뭇잎들을 무리 없이 소화시킨다고 해. 하지만 소화를 다 시키려면 한 달이 걸리기도 한단다.

머리가 말처럼 생긴 바다의 말 '해마'도 이빨이 없는데, 이빨 대신 길쭉하게 생긴 입으로 작은 물고기나 새우 등의 먹이를 훅 빨아들여 꿀꺽 삼킨다고 해.

달팽이는 다른 동물들의 이빨과는 조금 다르지만, 혓바닥에 2만여 개의 아주 작은 '치설'이 있어서 풀잎이나 과일 등을 씹어 먹을 수 있답니다.

초식 동물의 이빨과 육식 동물의 이빨

동물마다 이빨의 생김새는 조금씩 다르다고 했지?
주로 풀을 뜯어 먹고 사는 초식 동물은 풀을 자르기 좋게 앞니가 길고, 어금니는 풀을 잘게 으깨기 좋도록 생겼어. 초식 동물은 음식물을 갈아 내는 것처럼 씹어 먹는단다.
반면 질긴 고기를 날것으로 먹는 육식 동물은 송곳니가 길고 뾰족해. 또 어금니가 아주 날카로워서 어금니로 먹이를 잘게 쪼갤 수 있지. 악어 같은 파충류들은 앞니, 어금니, 송곳니가 모두 뾰족하게 생겼어. 특히 악어 같은 동물은 먹이를 잡아 물고 흔들거나 물속에서 몸을 돌려 찢어 먹는데, 대부분 통째로 삼켜 버린단다.

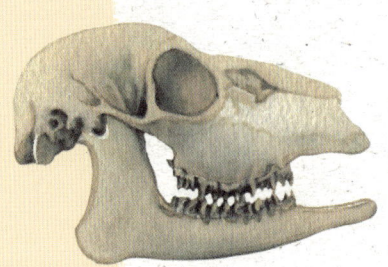

▲ 초식 동물의 이빨(왼쪽)과 육식 동물의 이빨(오른쪽)이야.

▲ 악어의 이빨이야.

고사성어 다시 읽는 25

십시일반(十匙一飯)

밥 열 숟가락이 모여 한 그릇이 된다

"우리 지난 시간에는 각자의 자화상을 그려 봤었죠? 오늘은 각자 그린 자화상을 찰흙으로 만들어 볼 거예요. 다들 찰흙 준비해 왔죠?"

동현이네 반 아이들은 준비물로 가져온 찰흙과 찰흙용 칼 등을 부스럭거리며 하나둘씩 꺼냈어. 그런데 동현이만 울상이 되어 있었지. 덜렁거리기 일쑤인 동현이는 준비물 챙겼냐는 엄마 잔소리도 대충 넘기고는, 결국 아침에 깜빡하고 준비물을 집에 두고 온 거야.

"찰흙 안 가져온 사람 있나요?"

주변을 둘러보면서 자기만 안 챙겨왔다는 것을 확인한 동현이는 얼굴이 빨개졌어. 그리고 슬그머니 손을 들었어.

"저…… 깜빡하고 집에 두고 왔어요."

그러자 동현이 짝인 나연이가 말했어.

"동현아, 내 찰흙 조금 나눠 줄게. 다들 각자 조금씩만 떼어 주면 동현이도 자화상 작품 만들 수 있을 것 같은데?"

선생님이 웃으며 말했어.

"역시 우리 반 친구들은 **십시일반** 할 줄 아는 멋진 친구들이구나!"

 십시일반은 열 사람이 밥을 한 숟가락씩 나눠 주면 한 사람 먹을 양이 된다는 뜻으로, 많은 사람이 조금씩 힘을 모으면 한 사람에게 큰 도움을 줄 수 있다는 뜻이야. 어떤 상황에서 십시일반이 필요할까?

* 십시일반 : 十(열 십) 匙(숟가락 시) 一(한 일) 飯(밥 반)

푸름 박사의 생태 이야기

협동을 아주 잘하는 동물 무리가 있다고?

열 사람이 한 숟가락씩 밥을 나눠 주어 한 사람이 배불리 먹을 수 있도록 하는 것처럼, 자기 무리의 동물이 굶지 않도록 먹이를 나눠 줄 뿐만 아니라 협동을 아주 잘하는 동물이 있어.

바로 아프리카 들개인 '리카온'이야. 리카온은 생긴 모습부터가 우리가 생각하는 일반적인 개의 모습과는 조금 달라. 깡마른 체형의 리카온은 오로지 협동을 통해서 살아가. 리카온은 대장 부부를 중심으로 20여 마리가 한 무리를 이루며 살아가고, 절대 흩어지지 않지. 얼룩말과 같은 먹잇감을 잡을 때에도 무리의 리카온들은 눈빛을 서로

완벽한 협동 전략으로 리카온은 사냥에 실패하는 일이 거의 없겠군요. 맹수들도 함부로 덤비기 어려울 것 같아요.

▶ 아프리카 들개인 리카온은 얼룩말이나 영양 같은 큰 동물을 무리가 함께 사냥해.

교환하며 빙글빙글 돌아. 무리 안에서 먹잇감을 향해 먼저 달려든 리카온들이 지치면 마치 이어달리기를 하듯이 다른 리카온들이 먹이를 끝까지 쫓아. 그리고 무리 중에 사냥을 할 수 없는 리카온은 새끼를 돌보는 일 등을 한단다.

이렇게 완벽한 협동으로 먹잇감을 잡으면 리카온 무리는 모두 함께 식사를 해. 그리고 사냥에 참여하지 않은 리카온이나 어린 리카온들에게도 이미 먹은 먹이를 토해 내서 나눠 준단다.

리카온 무리는 사냥하기 적절한 무리의 숫자를 유지하는데, 너무 적은 숫자의 무리로는 사냥을 하기 어렵고, 또 너무 많은 숫자의 무리가 되면 먹잇감이 부족해지기 때문이라고 해.

협동 사냥을 하는 바다 동물

바다 동물들 중에서도 리카온처럼 힘을 합해 사냥을 하는 동물이 있어. 바다의 포유동물인 돌고래는 무리 지어 생활하는데, 먹이를 잡기 위해 무리가 그물 모양을 만들어 먹잇감을 해안 쪽으로 몰아가.

독가시치는 같은 성의 짝과 협동해서 먹이 사냥을 하는 물고기인데, 함께 잡은 먹이를 한 마리가 먼저 먹고 있으면 다른 물고기는 그 위에서 머리를 들고 헤엄치며 주변을 살펴. 마치 망보는 것처럼 말이야. 그렇게 차례로 먹이를 먹는데, 만약 망보던 물고기가 뭔가 위험을 느끼게 되면 지느러미를 쳐서 알리거나 도망을 가. 그러면 이때 먹이를 먹던 물고기도 함께 도망을 간다고 해.

▲ 납작한 몸의 독가시치야.
◀ 돌고래 무리야.

리카온은 사냥할 때 다친 동료나, 늙어서 먹이를 먹기 어려운 동료를 보호하기도 한답니다.

고사성어 26 다시 읽는

아전인수(我田引水)
내 논에 물을 끌어들인다

수연이네 저녁 식탁에 푸짐한 갈비찜이 올라왔어.

"와, 내가 제일 좋아하는 갈비찜이다!"

수연이는 식탁 가운데에 놓인 갈비찜 접시를 얼른 자기 앞으로 끌어다 놨지. 수연이 동생 지연이가 입을 삐쭉 내밀며 투덜거렸어.

"언니는 욕심쟁이야! 나도 갈비 좋아하는데 자기만 많이 먹겠다고 자기 앞에다 고기 갖다 놓고!"

그 모습을 보며 엄마가 말했어.

"수연이 모습이 딱 **아전인수**인데?"

엄마의 말에 수연이가 고개를 갸우뚱하며 물었지.

"아, 전, 인, 수? 그게 무슨 말이에요?"

갈비찜에 욕심을 부리던 수연이가 갑자기 너무너무 궁금하다는 얼굴로 묻자, 아빠가 웃으며 말했어.

"수연아, '아전인수'라는 말은 내 논에 물을 끌어들인다는 뜻이야."

그러자 수연이는 더 심각해진 얼굴로 물었어.

"논에 물을 끌어들이는 거랑 나랑 무슨 상관이에요?"

아빠는 차근차근 설명해 주었어.

"농사를 지으려면 밭이나 논에 물이 필요하겠지? 특히 농사를 지어 먹고사는 농가들은 가뭄 때를 대비해서 함께 물을 모아 놓는 저수지나 못에서 논이나 밭으로 물이 흘러들어 가게끔 만들어 놓거든. 그런데 만약 가뭄이 들어 모든 논에 물이 필요한데, 어느 한 논의 주인이 그 물을 자기 논으로만 들어오게끔 해서 혼자 다 써 버린다면 어떻게 될까?"

아빠의 말에 수연이가 흥분하며 말했지.

"그럼 안 되죠. 함께 농사를 잘 짓자고 만든 저수지 물을 혼자만 다 써 버리면, 다른 사람들의 논은 어떡하라고요."

동생 지연이가 무릎을 딱 치며 말했어.

"아하! 갈비찜을 자기 앞에 갖다 놓는 언니나, 자기 혼자만 물을 쓰려고 자기 논으로 물을 끌어 가는 사람이나 비슷하다는 거죠?"

동생의 말에 수연이가 머리를 긁적였어.

"그런……가?"

멋쩍은 얼굴로 다시 갈비찜 접시를 식탁 가운데로 옮겨 놓는 수연이를 보며, 엄마와 아빠, 지연이는 하하 웃었단다.

 아전인수란 자기 논에만 물을 끌어다 놓는 것처럼, 다른 사람 생각은 않고 자기의 이익만을 위해 행동하는 것을 뜻해. 모두가 자신의 이익만을 위해 행동한다면 어떻게 될까?

* 아전인수 : 我(나 아) 田(밭 전) 引(끌 인) 水(물 수)

푸름 박사의 생태 이야기

논에는 어떤 동물들이 살고 있을까?

논에서 우리의 주식이 되는 쌀을 거두는 벼농사를 짓기 때문에 예부터 논에는 물이 부족하지 않도록 해 왔어. 그런데 논에는 벼만 자랄까? 사실 논은 생각보다 많은 생물들의 터전이야. 그럼 논에는 어떤 동물들이 살고 있을까?

늪, 논, 작은 하천 등의 진흙이 많은 곳에 사는 미꾸리는 생명력이 아주 강해. 물속의 산소가 부족하면 수면에서 공기를 들이마시며 버티고, 가뭄에도 잘 견뎌. 미꾸리는 비가 오면 더욱 신나게 움직이지.

겨울에는 흙 속으로 들어가고 봄에 다시 흙 밖으로 나와 기어다니는 논우렁이는 건조함을 오래 버티는 동물이야.

물살이 급하지 않은 얕은 물웅덩이나 늪, 논 등에 사는 송사리는 온도 변화에도 강하고 오염된 물이나 산소가 부족한 물 등 어떤 환경에도 잘 버티는 특징이 있어.

가느다란 몸과 긴 다리로 물 위에 가볍게 떠 있는 소금쟁이도 논에서 볼 수 있는 동물이야. 소금쟁이 발끝에는 잔털이 많기 때문에 물

친환경 농업으로 농사짓는 논에서는 긴꼬리투구새우도 볼 수 있지요.

▼▶ 미꾸리(아래)와 논우렁이(오른쪽)는 논에 사는 동물들이야.

▲ 소금쟁이(왼쪽)와 송사리(오른쪽)야.

에 젖지 않는단다.

그 밖에도 논은 개구리와 올챙이, 개구리밥, 미나리, 거머리 등의 각종 동식물들이 어울려 살아가는 곳일 뿐 아니라, 백로와 같은 여름 철새나 두루미와 같은 겨울 철새가 날아와 먹이를 구하는 곳이기도 하단다.

논두렁을 허는 드렁허리

논에 사는 동물 중에는 뱀장어를 닮은 '드렁허리'도 있어. 드렁허리는 흙을 파 굴을 만들어 그 안에 들어가 살면서 그곳에 알을 낳는데, 아마도 이런 습성 때문에 논두렁을 헌다고 해서 '드렁허리'라는 이름이 붙었을 거야. 드렁허리는 뱀장어처럼 몸이 가늘고 긴데, 비늘은 없고 가슴지느러미와 배지느러미도 없어. 드렁허리는 피부로 호흡하고, 건조한 환경에 잘 적응해. 6~7월경에 산란을 하는 드렁허리는 자라면서 성이 바뀌는 특징이 있단다.

▶ 드렁허리의 몸은 길고 꼬리는 뾰족해.

긴꼬리투구새우가 논에서 헤엄치는 모습을 잘 관찰하면 먹이를 잡기 쉽도록 몸을 뒤집어 헤엄치는 것을 알 수 있지요.

다시 읽는 고사성어 27

앙급지어(殃及池魚)
재앙이 연못의 물고기에게 미친다

중국 춘추 시대 송(宋)나라에는 '환퇴'라는 사람이 살았어. 그에게는 그 누구에게도 없는 아주 귀한 구슬이 있다는 소문이 돌았지.

어느 날 환퇴는 큰 죄를 짓고 도망 다니는 신세가 되고 말았어.

"환퇴가 가지고 있다는 그 진귀한 구슬의 행방을 알아내라!"

왕이 보낸 사람이 가까스로 환퇴의 행방을 찾아내 그에게 가서 물었지.

"너는 죄인이니, 귀한 구슬을 가지고 있을 자격이 없다. 구슬을 어디에 두었느냐?"

그러자 환퇴가 말했어.

"구슬은 연못 속에 던져 버렸소!"

왕은 사람들을 시켜 환퇴가 말한 커다란 연못의 물을 모두 퍼내도록 했어. 그래도 구슬이 나타나지 않자, 연못 아래의 진흙까지 모두 파냈지. 그렇게 했는데도 구슬은 보이지 않았고, 연못 속의 물고기들만 모두 죽어 버렸어. 환퇴의 말은 거짓이었던 거야.

환퇴의 거짓말 때문에 **앙급지어**가 되고 말았단다.

앙급지어는 물고기에게 재앙이 미치듯이, 전혀 상관없는 엉뚱한 곳에 나쁜 일이나 화가 미친다는 뜻이야. 나와 상관없는 일이 생각지 않게 나에게 나쁘게 닥친다면 어떻게 하는 게 좋을까?

* 앙급지어 : 殃(재앙 앙) 及(미칠 급) 池(못 지) 魚(물고기 어)

많은 물고기들이 재앙을 입고 있다고?

▲ (위 왼쪽부터 시계 방향으로) 외래 물고기인 블루길, 피라냐, 엘리게이터 가아, 악어거북, 붉은귀거북이야.

유입된 외래종들에게 잘못이 있는 것은 아니죠. 사람들의 욕심과 무분별함이 문제겠지요.

    연못을 파내서 물고기에게 재앙이 미쳤다는 '앙급지어'에 얽힌 옛이야기는 비단 이야기 속의 일만은 아니야. 실제로도 현재 우리나라 곳곳의 강에 사는 많은 물고기들이 위기에 처해 있거든.
    무엇보다도, 개발이라는 이름으로 서식지가 파괴되는 것이 가장 큰 문제야. 멸종 위기종이 서식하는 강인데도, 제대로 된 조사가 이루어지지 않아 개발이 그대로 진행되면서 많은 멸종 위기종까지 사라져 가는 일이 종종 일어나고 있지. 또 다른 문제로는 1970년대 더 많은 식량 자원을 만들어 내기 위해 미국에서 들여온 배스나 블루길 같은 외래종들로 인한 위기야. 이 외래종 물고기들이 우리나라의 토종 민물고기들을 잡아먹으면서 생태계가 어지러워졌고, 배스의 경우는 이제 전국에서 흔히 볼 수 있는 물고기가 되어 버렸어.

강원도 횡성의 한 저수지에서는 아마존강에 서식하는 육식성 물고기인 피라냐가 발견되기도 했어. 뿐만 아니라 엘리게이터 가아 같은 외래종도 발견되고 있어. 엘리게이터 가아는 다 크면 3미터 이상으로 자랄 만큼 크고, 긴 입과 이빨이 마치 악어처럼 생긴 포식성 물고기야. 오염된 물에서도 아주 잘 적응하며 빠르게 자라기 때문에 우리나라에서는 생태계에 피해를 줄 수 있는 '위해 우려종'으로 지정한 물고기야. 물고기뿐 아니라, 붉은귀거북이나 악어거북 같은 외국의 거북들까지 나타나면서 강의 생태계를 위협하고 있다고 해.

우리나라에 사는 물고기라고 해도 강마다 다른 생태계를 이루고 있기 때문에, 한강의 물고기를 낙동강에 푸는 식으로 함부로 해서는 안 된답니다.

세계 10대 문제 잡초인 부레옥잠

연못의 생태계에 영향을 미치는 것 중에는 외래종 동물 말고 식물이 원인이 되는 경우도 있어. 연못에서 자라는 '부레옥잠'은 원산지가 열대 아마존이지만 지금은 세계 여러 나라에 퍼져 자라고 있는 물풀이야.

부레옥잠은 잎자루 중간이 물고기 부레처럼 동그랗게 부풀어 있어 물에 둥둥 뜨기 때문에 '부레옥잠'이라는 이름이 붙었어. 원래는 꽃이 예쁘고, 물을 깨끗하게 정화하는 역할을 해서 많이 심어 길렀는데, 번식력이 좋다 보니 너무 많이 자라나면서 연못으로 흡수되는 빛을 막고, 물속의 산소를 많이 쓰기도 해. 너무 무성하게 자란 곳에서는 물고기가 산란하는 것을 방해하고 연못 생태계에 안 좋은 영향을 끼치기도 해서 세계 10대 문제 잡초 중 하나가 되었단다.

▼ 무성하게 자란 부레옥잠이야.

고사성어 28 다시 읽는

약방감초(藥房甘草)
약방에 감초

옛날 깊은 산속 마을에 아주 용하기로 소문난 의원이 살고 있었어. 어찌나 치료를 잘하는지, 먼 곳에서도 알고 찾아온 환자들의 줄로 늘 집 앞이 북적였지. 의원이 거리가 꽤 먼 다른 마을로 환자를 봐주러 나가 집에 없던 어느 날이었어. 의원의 집으로 어떤 사람이 배를 움켜쥐고 들어왔지.

"아이고, 죽겠다! 나 좀 살려 주오."

의원의 부인이 나와 말했지.

"지금 의원님이 안 계신데 어쩌지요?"

한참을 어쩔 줄 몰라 하던 의원의 부인이 우선 부엌으로 들어가 부엌 안을 둘러보았어. 그때 부엌 한 켠에 쌓여 있던 땔감이 눈에 들어왔지.

"그래, 모든 풀은 약으로 쓰일 수 있다고 남편이 늘 말했지. 어쩌면 저것도 약으로 쓰일 수 있을지 몰라."

의원의 부인이 땔감 속의 나무를 하나 꺼내 씹어 봤는데, 단맛이 나는 거야. 그래서 그것을 잘라서 배가 아프다는 환자에게 주었어.

며칠 후 배가 아프다고 왔던 사람이 의원에게 찾아와 말했어.

"지난번 받은 약 덕분에 죽을 듯이 아팠던 배가 편안해졌습니다. 정말 고맙습니다."

무슨 일인지 영문을 모르던 의원이 부인에게 물었어.

"혹시 내가 없을 때 환자에게 약을 내주었소?"

그러자 부인이 말했지.

"네, 부엌에 있는 땔감 속 나무가 단맛이 나기에 약으로 쓰이는 것인가 싶어 그것을 주었습니다."

과연 부인의 말대로 그 나무에서 단맛이 나는 거야.

의원은 그 나무를 잘라 의원을 찾아오는 환자들에게 주어 보았어. 감기 때문에 기침을 하던 환자도, 목이 아프다던 환자도 그 약을 쓰고 나서는 모두 병세가 나아졌어.

"아, 이것을 약으로 써도 좋겠구나."

그 이후 의원은 그 나무를 약으로 쓰기 시작했어.

"이 약을 '감초'라고 이름 지어야겠다."

그리고 감초를 다른 약과 함께 쓰면 약효가 더욱 좋아진다는 것도 알게 되면서, 모든 약을 만들 때 감초를 꼭 함께 넣어 만들었단다.

"**약방감초**가 바로 이것이었구나! 모든 약에 꼭 들어가는 귀한 것이야."

 **약방감초**는 한약을 짓는 데 꼭 빠지지 않는 달콤한 감초처럼, 어떤 것에 빠짐없이 들어가는 것을 뜻해. 약방감초 같은 사람이란 어떤 사람일까?
* 약방감초 : 藥(약 약) 房(방 방) 甘(달 감) 草(풀 초)

푸름 박사의 생태 이야기

단맛을 내는 뿌리가 약이 되는 식물이 있다고?

　약방에 없어서는 안 될 '감초'는 실제로 뿌리가 단맛을 내는 식물이야. 그럼 감초는 어떤 식물일까?

　감초는 콩과에 속하는 여러해살이풀이야. 시베리아나 중국의 북부에서 자라는 식물인데, 우리나라에서는 조선 시대에 함경도나 전라도에서 재배했다는 기록이 있지만 지금은 재배하지 않고 있어.

　줄기는 1미터 길이로 곧게 자라고 약이 되는 뿌리는 땅속 깊이 내려. 7~17개씩 어긋나게 달리는 작은 잎은 길쭉한 원 모양으로 끝이 뾰족하지. 7~8월에는 남빛을 띤 보라색 꽃이 피고, 8~9월에는 열매가 꼬투리로 맺히는데, 꼬투리 안에는 검은색 윤기 나는 씨가 6~8개씩 들어 있어. 원기둥 모양의 뿌리줄기에 연결된 원뿌리가 땅속 깊

▼ 감초 꽃이 피어 있는 모습이야.

옛날에 생선 장수들은 잡균이 붙지 않도록 감초 줄기에 생태를 꿰어 팔았다고 해요.

숙이 뻗어 있는데, 이 뿌리를 말려서 한약재로 사용해. 감초는 다른 약과 조화를 이루며 다른 약의 작용을 순하게 만드는 역할을 해. 실제로 감초에는 어떤 약효가 있을까?

감초는 주로 소화기나 호흡기, 순환계 질병에 효과가 있고, 독을 해독하는 작용을 해. 한방에서는 주로 탕이나 환약으로 만들어 쓰는데, 위경련의 복통이나 설사로 인한 통증을 가라앉힐 뿐 아니라, 피부의 습진이나 염증에도 효과가 있다고 해. 그래서 한방에서는 가장 많이 쓰이는 약재란다.

▲ 약재로 쓰이는 감초의 말린 뿌리야.

뿌리를 약으로 쓰는 식물

감초 말고도 뿌리가 약으로 쓰이는 식물이 또 있어. 미나리아재빗과에 속하는 여러해살이풀인 '고본'도 뿌리를 약으로 쓰는 식물이야. 감초가 뿌리에서 단맛을 내는 반면, 고본은 매운맛을 내고 향기가 많이 나.
고본은 깊은 산에서 80센티미터 정도로 자라고 잎이 어긋나며, 8~9월에 하얀 꽃을 피워. 동글납작한 열매에는 날개가 있지. 우리나라에서는 약으로 쓰기 위해 설악산이나 오대산, 지리산처럼 한랭한 높은 산에서 재배하고 있어. 고본은 심한 두통이나 편두통 등의 통증을 진정시켜 주는 효과가 있다고 해.

◀ 고본의 꽃이 피어 있는 모습이야.

감초는 약으로도 쓰지만 간장이나 술을 담그는 데 쓰기도 한답니다.

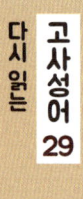

다시 읽는 고사성어 29

어부지리(漁夫之利)

어부의 이로움

옛날 중국의 조(趙)나라는 연(燕)나라를 공격하려 했어. 연나라 왕은 '소대'라는 사람에게 조나라가 전쟁을 일으키지 않도록 설득하라는 명을 내렸고, 소대는 조나라 왕을 찾아가 말했지.

"제가 오면서 보니, 강변에 조개가 입을 벌리고 한껏 햇볕을 쬐고 있었습니다. 그런데 황새 한 마리가 다가오더니 조개의 살을 먹으려고 하였지요. 깜짝 놀란 조개가 입을 확 다물어 황새 부리를 꽉 깨물고는 놓지를 않자, 황새가 조개에게 그러더군요. '오늘도 내일도 비가 오지 않고, 나를 문 채로 이대로 있다면 너는 말라 죽을 거야.'라고 말입니다.

그러자 조개가 황새에게 말했습니다. '아마 내가 입을 안 열어서 오늘도 내일도 네가 빠져나가지 못한다면, 너도 사람에게 잡혀 죽고 말걸?' 그렇게 둘은 한치의 양보도 없이 서로 놔주려 하지 않았습니다. 그때 마침

어부 하나가 지나가다가 그 모습을 보고는 조개와 황새를 모두 잡았습니다. 만약 조나라가 연나라를 공격한다면, 두 나라의 백성들 모두가 힘들어지고 나라의 힘 또한 약해질 것입니다. 그러면 강한 진나라가 **어부지리**로 두 나라를 모두 차지하게 될 것이 자명하니, 연나라를 공격하는 일은 다시 한 번 생각해 주시옵소서."

그 말을 듣고, 조나라 왕은 연나라를 공격하지 않기로 했단다.

 어부지리는 조개와 황새가 다투는 사이 어부가 그 둘을 잡은 것처럼, 둘이 다투는 사이에 전혀 상관없는 다른 이가 이득을 얻는다는 뜻이야. 혹시 어부지리의 경험을 한 적이 있니?
* 어부지리 : 漁(고기 잡을 어) 夫(남편 부) 之(갈 지) 利(이로울 리)

푸름 박사의 생태 이야기

무는 힘이 강한 조개가 있다고?

'어부지리' 고사성어의 유래가 되는 이야기 속에서 조개는 황새의 부리를 꽉 깨물고 있었다고 했지? 조개는 입을 벌리고 있다가도 위험에 닥치면 본능적으로 입을 확 닫아 버리는 특징이 있어. 그런데, 조개 중에서도 물린다고 생각하면 무시무시할 것 같은 엄청나게 큰 조개가 있어. 바로 '대왕조개'야.

대왕조개는 껍데기가 두 개인 조개 중에 가장 커다란 조개인데, 다 자란 대왕조개의 몸은 1미터가 훌쩍 넘고, 무게도 200킬로그램이 넘어. 대왕조개는 남태평양과 인도양의 얕은 산호초에 살고 있는데, 평균 수명이 100년도 넘을 정도로 오래 사는 편이야. 워낙 크기 때문에 사람을 잡아먹는다는 속설이 있어서 다른 이름으로 '식인조개'라고

대왕조개에게는 '식인조개'라는 이름이 조금 억울한 이름일 수도 있겠군요.

▼ '살인조개', '식인조개'로도 불리는 대왕조개야.

도 불리지. 하지만 실제로 대왕조개는 아주 작은 식물플랑크톤을 먹고 살고, 사람처럼 큰 동물을 잡아먹지는 않아. 또 워낙 외투막이 두꺼워서 입을 닫는다 해도 완전히 닫히지 않지. 하지만 바닷속을 잠수하던 사람이 실수로 대왕조개를 건드리다가 팔이나 다리 등 몸의 일부가 물리게 된다면 조개의 힘 때문에 꼼짝하지 못하고 물 밖으로 나오지 못할 수도 있겠지?

대왕조개 껍데기는 가공해서 장식품으로 쓰이거나, 세면대 같은 생활 도구로 쓰이기도 하는데, 사람들이 자꾸 잡아들이는 바람에 그 개체 수가 많이 줄어들어서 멸종 위기에 처해 있단다.

대왕조개의 생존 전략

대왕조개는 암수한몸으로, 다른 개체를 만나 서로 수정을 해 줌으로써 자손을 두 배로 퍼트릴 수 있어. 물속에 정자와 난자를 뿜어서 수정을 하는 방식이지. 물속의 정자와 난자는 다른 난자와 정자를 만나 수정하고 12시간 후에 어린 개체로 발달하는데, 이 개체가 물속을 떠다니다가 바위나 산호초 등에 붙어 성장하지.

다 자란 대왕조개의 외투막은 껍질이 완전히 닫히지 않을 정도로 두꺼워지는데, 이 외투막에는 '주산텔래'라고 하는 공생 조류가 함께 살고 있어. 대왕조개의 외투막이 파란색, 갈색, 초록색 등을 띠는 것은 이 공생 조류 때문인데, 대왕조개는 이 조류들이 광합성을 할 수 있도록 낮에 껍데기를 활짝 열고, 이 조류들은 광합성을 해서 대왕조개에 영양분을 공급해 준단다.

▶ 입을 열고 있는 대왕조개야.

대왕조개는 오히려 바닷물을 여과하고, 산호초의 생태계에도 도움을 주고 있답니다.

다시 읽는 고사성어 30

오동단각(梧桐斷角)
오동나무가 뿔을 자른다

"우리 반 회장은 당연히 내가 될 거야!"

재은이는 자신만만하게 혼잣말을 했어. 오늘은 재은이네 학급 2학기 회장을 투표로 뽑는 날이야. 재은이는 목소리도 크고 힘도 세서, 같은 반 여자 친구들은 물론, 남자 친구들도 꼼짝 못했어. 재은이가 해 달라는 건 웬만하면 친구들이 다 들어주었지.

최종 회장 후보로 재은이와 동욱이가 올라갔어. 동욱이는 말도 별로 없고 혼자서 책 읽는 걸 좋아하는 아이야. 그래도 친구가 어려움을 겪으면 늘 조용히 도와주는 아이였지.

140

드디어 투표 결과가 나왔어.

"김재은 9표, 박동욱 15표! 2학기 회장은 박동욱이다."

아이들은 박수를 쳤어. 하지만 재은이는 영문을 몰랐어. 평소에 자신을 따르던 그 많은 친구들이 자기를 뽑아 주지 않은 게 이상했던 거야.

"아니, 어떻게 목소리 크고 힘 있는 나보다 존재감도 별로 없는 박동욱에게 더 많은 표가 간 거지?"

재은이는 때로 부드러운 것이 강한 것을 이기는 **오동단각**의 이치를 몰랐던 거야.

 오동단각은 무른 오동나무로 단단한 뿔을 자르듯이,
부드러움이 강한 것을 충분히 이기는 상황을 나타낼 때 쓰이는 말이야.
강한 것을 이기는 부드러움에는 어떤 것이 있을까?
* 오동단각 : 梧(오동나무 오) 桐(오동나무 동) 斷(끊을 단) 角(뿔 각)

푸름 박사의 생태 이야기

우리나라에서 가장 빨리 자라는 나무는?

고사성어에 등장하는 오동나무를 왜 무른 나무라고 할까?

그 이유는 오동나무가 빨리 자라는 나무라는 데 있어. 오동나무는 싹이 튼 후 일 년 안에 사람 키를 훌쩍 넘기고, 10년 내외 동안 10미터 이상 쑥쑥 자라거든. 마주 나는 잎은 우리나라에서 나는 나무 가운데 가장 커. 커다란 잎으로 광합성을 하여 양분을 많이 공급받기 때문에 빨리 자랄 수 있는 거야. 빨리 자라는 나무이다 보니, 가볍고 연한 특성이 있지만, 그래도 단단하고 재질이 좋아서 여러 용도로 널리 쓰이는 나무야. 그래서 예부터 집 가까이에 심어 두고 길렀지. 5월이 되면 오동나무 가지 끝에 종 모양의 연보라색 꽃이 피어나는데, 꽃의 끝이 다섯 개로 갈라지면서 아주 진한 향기를 내.

오동나무는 땅이 깊고 물이 잘 빠지는 흙에서 잘 자라는데, 우리

옛말에도 '봉황새는 대나무 열매만 먹고 집은 오동나무에만 짓는다'는 말이 있지요.

▶ 10미터 이상 크게 자라는 오동나무의 잎은 심장 모양이야.

▲ 오동나무 꽃이 피어 있는 모습이야.

나라에서 자라는 오동나무로는 오동나무와 참오동나무가 있어. 원래 울릉도가 고향인 참오동나무는 우리 주위에서 더 흔하게 볼 수 있는 나무야. 참오동나무의 꽃 안쪽에는 보라색 점선이 나 있지만, 오동나무 꽃 안쪽에는 점선 모양이 없어. 울릉도의 참오동나무가 일본으로 전해지면서, 일본에서도 오동나무를 많이 심어 기르고 있지.

오동나무는 나무의 무늬가 아름다울 뿐 아니라, 잘 뒤틀리지 않는 데다가 물기도 잘 스며들지 않아 불에 잘 타지 않는다고 해. 그래서 가구를 만드는 귀한 재료로 쓰여 왔단다.

옛날에는 딸을 낳으면 오동나무를 심었다고 하죠. 딸이 결혼할 때 그 오동나무로 가구를 만들어 보내기 위해서요.

오동나무의 다양한 쓰임

재질이 좋기로 이름난 오동나무는 장롱을 비롯한 다양한 가구를 만드는 귀한 재료로 쓰였어. 조개나 전복 껍질을 오려서 나무에 붙여 만드는 공예품 '나전 칠기'의 재료로도 쓰였지. 특히 옛날 악기인 거문고, 가야금 등의 재료로도 많이 쓰였는데, 다른 나무로 만든 악기보다 맑고 고운 소리가 더 잘 전달되기 때문이라고 해. 일본에서도 오동나무는 악기 재료로 쓰일 뿐 아니라, 나막신이나 다른 생활용품의 재료로 많이 쓰였단다.

▼ 오동나무를 재료로 한 악기(왼쪽)와 가구(오른쪽)야.

옹리혜계(甕裏醯鷄)
독 안의 초파리

공자는 중국 춘추 시대의 학자로, 여러 나라를 돌아다니면서 인(仁)을 중시하고 덕을 펼치는 정치를 강조했던 사상가야.

공자의 나이가 30대일 때, 도가를 주장한 80대의 노자를 찾아가 도(道)에 대해 물었어. 노자는 도가를 주장한 사상가로, 만물의 근원인 도에 따라 살 것을 강조하고, 사람의 손이 닿지 않는 그대로의 자연을 존중하던 학자였지.

"우리가 떳떳함을 잃지 않는다면 희로애락에 쉽게 흔들리지 않을 것이고, 우리 몸은 자연과 우주의 티끌과 같아, 죽고 사는 것에 얽매이지 않으면 마음이 어지럽지 않을 것이오."

노자를 만나고 온 공자는 자신의 수제자인 안회에게 말했어.

"오늘 노자 선생님을 만나 이런저런 이야기를 나누고 와 보니, 나는 **옹리혜계**에 불과하다는 것을 깨달았다. 항아리 속의 초파리와 같이 식견이 좁고 변변하지 못한 나에게 노자 선생님께서 뚜껑을 열어 하늘과 땅의 크고 넓음을 온전하게 깨우쳐 주셨구나!"

옹리혜계란 독 안에 든 작은 초파리가 그 안을 하늘로 여기듯이 견문이 좁고 변변하지 못한 것을 뜻해. 어떤 사람을 두고 옹리혜계라고 할 수 있을까?

* 옹리혜계 : 甕(독 옹) 裏(속 리) 醯(식혜 혜) 雞(닭 계)

푸름 박사의 생태 이야기

초파리는 1킬로미터 밖에서도 냄새를 맡는다고?

▲ 초파리를 확대해서 본 모습이야. 보통 몸 색깔이 누런색을 띠는 것이 많단다.

한여름 초파리는 정말 성가신 존재예요. 그런데 초파리가 사람에게 나쁜 영향만 끼치나요?

초파리는 몸집이 아주 작기 때문에, 독 안에 든 초파리라면 독 안의 세상을 전부인 것처럼 여길 수도 있어. 그렇지만 실제로 초파리는 독 밖의 세상을 알 수도 있어. 어떻게 알 수 있을까? 초파리는 독 밖을 볼 수는 없지만, 1킬로미터 떨어진 곳에서 나는 냄새도 맡을 수 있거든.

더운 여름철에 더 많이 볼 수 있는 초파리는 어떤 곤충일까? 초파리는 전 세계 거의 대부분의 지역에 살고 있고, 몸 크기는 아주 작지만 종류도 다양해서 전 세계에 약 3천 종의 초파리가 있는 것으로 알려져 있지. 초파리는 몸 크기가 2~5밀리미터 정도로 아주 작은 편인데, 보통 수컷보다 암컷이 크고, 몸은 다른 곤충과 같이 머리, 가슴, 배로 이루어져 있어. 다리도 다른 곤충처럼 6개인데, 앞날개 1쌍은 발달했지만 뒷날개는 퇴화되어 있단다. 겹눈으로 이루어진 눈은 붉은색을 띠고, 몸 색깔은 갈색이나 검은색, 노란색 등으로 다양해.

◀ 음식에 앉아 있는 초파리야.

초파리는 상처가 있는 과일이나 썩은 식물 즙 등의 당분을 먹고 번식하며 살아가는데, 초파리 암컷은 한 번에 100개 정도의 알을 5~6회 정도 낳는다고 하니 번식력이 엄청나지? 몸에 난 털과 발로 세균이나 병균을 옮기기 때문에 사람에게 그리 달가운 곤충은 아닐지도 몰라.

유전학 발전에 기여한 노랑초파리

노랑초파리는 사람들에게 가장 많이 알려진 초파리로, 생물학 그것도 유전학에서 연구 재료로 많이 쓰인 초파리야.

노랑초파리는 키우기가 쉬울 뿐 아니라, 실온에서 살아가는 기간이 2주 이내 정도 되기 때문에 유전학이나 다양한 실험에 널리 쓰이고 있어. 이러한 연구나 실험을 통해 얻은 자료는 다른 동물을 통해 얻은 자료보다 훨씬 많다고 해. 특히 초파리의 염색체는 유전자 연구에 아주 널리 쓰이고 있단다.

◀ 노랑초파리의 몸 색깔은 밤색을 띠고, 몸 크기가 2~3밀리미터 정도 돼.

사실 초파리는 여러 생물학 분야에서 실험 재료로 이용되고 있기 때문에 유전학 등의 발전에 기여하는 곤충이기도 하지요.

고사성어 32 다시 읽는

용두사미(龍頭蛇尾)
머리는 용, 꼬리는 뱀

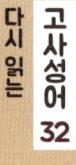

옛날 중국 송나라에 '진존숙'이라는 승려가 있었어. 진존숙은 참된 도를 깨우치기 위해 절을 떠나 세상을 방랑하고 있었지.

그러던 어느 날 진존숙이 절에서 수행을 하고 있을 때, 범상치 않은 젊은 승려를 만났어. 진존숙이 그와 이야기를 나누는데, 상대 승려가 갑자기 "헛!" 하고 크게 호령을 하는 거야. 진존숙이 멋쩍은 얼굴로 허허 웃으며 말했지.

"노승인 제가 야단 한번 된통 맞는군요."

 그러자 그 승려가 다시 한 번 크게 소리치는 거야. 진존숙은 조금 이상하다는 생각이 들었어.
 '음, 꽤 수양을 쌓은 사람처럼 보이긴 하지만 어딘지 모르게 조금 수상하구나. 그럴듯해 보이지만 진짜 도를 깨친 것인지 의심스럽다. 머리는 용이고 꼬리는 뱀인 **용두사미**일지도 모르겠구나.'
 진존숙은 젊은 승려에게 물었어.
 "그 호령하는 위세는 좋은데, 어떤 말로 마무리하실지요? 호통만 치지 말고 좋은 말씀으로 마무리해 보시지요."
 괜히 기합을 넣으며 진존숙의 기세를 꺾으려던 승려는 아무 말도 못하고 대답하기를 피하더니 슬쩍 사라져 버렸단다.

 용두사미는 머리는 용이지만 꼬리는 뱀인 것처럼, 시작은 거창하지만 끝이 흐지부지한 것을 뜻해. 어떤 일이든 용두사미가 되지 않으려면 꾸준한 노력이 필요하겠지?
 * 용두사미 : 龍(용 용) 頭(머리 두) 蛇(뱀 사) 尾(꼬리 미)

푸름 박사의 생태 이야기

용이라 불리는 동물이 있다고?

사실 용은 실제로 존재하는 동물이 아니라 상상 속의 동물이야. 예부터 용은 중국이나 우리나라 등의 동양에서 서로 다른 동물들의 모습이 섞여 있는 거대한 뱀의 모습으로 그려져 왔어. '용두사미'라는 고사성어에 담긴 뜻만 봐도 굉장히 신성하고 대단한 능력을 가진 존재로 여겨져 온 것을 알 수 있지. 그런데 실제로 존재하는 동물들 중에서 우리가 상상하는 용의 모습을 하고 있다고 해서, '용'이 들어간 이름을 가진 동물들이 있어.

용은 영어로 '드래곤'이라고 하는데, '푸른 용'이라는 뜻의 '블루드

푸른갯민숭달팽이는 우리가 알고 있는 보통 달팽이와는 많이 다른 모습이군요.

▶ 푸른색의 배를 위로 한 채, 물 위에 떠 있는 푸른갯민숭달팽이야.

래곤'은 '푸른갯민숭달팽이'라는 동물이야. 푸른갯민숭달팽이는 4~5센티미터 정도의 크기로 손바닥 안에 들어올 만큼 작은데, 무엇보다 몸 색깔이 화려한 것이 특징이야. 달팽이이긴 하지만 껍데기가 없고, 크기는 작지만 독으로 자신을 지키는 강한 동물이지. 또 식성이 엄청나서, 물고기의 알이나 따개비, 말미잘, 해파리, 멍게, 산호 등을 먹어. 푸른갯민숭달팽이는 어떤 바다에서도 잘 살아남는데, 강한 독을 가지고 있는 고깔해파리 같은 먹이를 잡아먹으면서 해파리의 독을 자신의 몸 안에 저장해 두고는 스스로를 보호해.

자신의 몸에서 내뿜는 화려한 색과 몸속에 쌓아 둔 독으로 다른 적들을 경계하는 거란다. 작아도 이름에 '용'이 들어간 이유를 알겠지?

상상의 동물, 봉황

실제로 존재하는 동물은 아니지만, 용처럼 예부터 사람들의 상상 속에 전설처럼 등장하는 동물들이 있어. 그중 하나가 바로 '봉황'이야.
봉황은 중국의 신화에 나오는 상상의 새인데, 옛 기록에 의하면 나라의 중요한 일이나 커다란 사건을 상징하는 심상치 않은 새로 등장하고, 매우 아름다운 새로 기록되어 있어.
옛 기록에 의하면 전반신은 기린, 후반신은 사슴, 목은 뱀, 꼬리는 물고기, 등은 거북, 턱은 제비, 부리는 닭을 닮았다고 되어 있지. 건축물 등의 무늬로 봉황이 새겨지고는 하는데, 우리나라에서도 봉황은 중국에서와 비슷한 상징으로 여겨져 왔단다.

▲ 봉황 무늬 공예품이야.

푸른갯민숭달팽이의 등은 하얀색인데, 헤엄칠 때 몸을 뒤집어 떠다니지요. 푸른 몸은 바다 색과 비슷해서 물 밖의 적들에게 잘 보이지 않고, 물 아래의 적에게는 하얀색의 등을 빛과 구분하기 어렵게 하기 위해서예요.

고사성어 다시 읽는 33

유구무언(有口無言)
입이 있지만 말이 없다

영찬이는 최근 부쩍 불만이 많아졌어. 1학년 때 이모로부터 입학 선물로 받은 책가방을 4년째 쓰고 있었거든.

"캐릭터 그림 있는 책가방 너무 유치해! 4학년이나 됐는데, 알록달록한 가방을 메고 다녀야겠냐고."

멀쩡한 물건을 두고 쓸데없이 물건을 새로 사지 않는 영찬이네 엄마와 아빠였기에, 영찬이는 새 가방을 사 달라고 조를 수도 없었어. 어느 날 영찬이는 무릎을 딱 쳤어.

"그래! 가방이 찢어졌다고 하면 새로 사 주실 거야."

영찬이는 학교 쉬는 시간에 가위로 가방 한 귀퉁이의 이음새를 잘라냈어. 그리고 방과 후 수업이 끝나자마자 얼른 집으로 갔지.

"엄마, 책가방이 찢어졌어요. 당장 새로 사야 할 것 같아요."

엄마는 이상하다는 듯이 물었어.

"아니, 멀쩡하던 책가방이 갑자기 왜 찢어진다니?"

거짓말을 하려니 영찬이 가슴은 방망이로 치듯 쿵덕거렸어.

"그, 그게…… 친구들이 장난으로 가방을 잡아당겨서 찢어졌어요."

"장난을 얼마나 심하게 쳤길래 가방이 찢어져? 어디 한번 봐."

영찬이는 떨리는 손으로 조심스럽게 엄마에게 가방을 내밀었어.

엄마는 가방이 뜯어진 부분을 찬찬히 살펴보았어.

'엄마가 알아 버리시면 어쩌지?'

영찬이는 머리에서 땀이 나는 것만 같았지. 그런데 가방을 살펴보던 엄마의 얼굴이 점점 굳어지기 시작했어.

"박영찬! 너 가방 찢어진 거 맞아? 이거 일부러 잘랐지? 이건 찢어진 게 아니라, 가위로 자른 것 같은데? 솔직하게 말해 봐!"

영찬이는 가슴이 철렁 내려앉았어. 하지만 억울하다는 듯이 울먹이며 말했지.

"다른 친구들은 이런 가방 안 메고 다닌단 말이에요. 4년째면 정말 오래 쓴 거예요. 이렇게 한 가방을 오래 쓰는 애들도 없다고요!"

엄마가 진지한 얼굴로 말했지.

"박영찬, 그렇다고 멀쩡한 가방을 망가뜨리고 엄마한테 거짓말을 하는 것도 모자라, 핑계까지 대? 너 지금 **유구무언**이라고. 이거 엄마가 꿰매 줄 테니까, 좀 더 써. 알았니?"

영찬이는 정말 입이 열 개라도 할 말이 없었단다.

 유구무언은 입이 있어도 아무 말 못하는 것처럼, 잘못한 것이 너무나 뚜렷해서 할 말이 없을 때 쓰는 말이야. 입이 열 개라도 할 말이 없었던 경험이 있니?

* 유구무언 : 有(있을 유) 口(입 구) 無(없을 무) 言(말씀 언)

푸름 박사의 생태 이야기

입은 있지만 소리 내지 못하는 동물은?

상어도 전기를 느끼는 기관이 있어서 먹이를 알아낸다고 했지요?

사람은 발성 기관을 통해 입으로 소리를 내어 말하면서 의사소통을 해. 동물들 중에는 사람처럼 발성 기관이 있는 것과 발성 기관이 없는 것이 있기 때문에 입으로 소리를 내는 동물도 있지만, 입이 있어도 소리를 내지 못하는 동물이 있어. 환형동물이나 연체동물, 갑각류 등은 발성 기관이 없어서 입이 있어도 소리를 내지 못하는 동물들이지.

하지만 동물들은 꼭 입으로 소리 내지 않아도 나름대로의 방식으로 의사소통을 해. 특히 물고기 중 많은 종류들이 몸에서 전기를 만들어서 전기로 의사소통을 하지.

전기를 내는 대부분의 물고기들은 자신을 보호하는 것뿐 아니라, 짝짓기나 동료들과의 의사소통을 위해 전기를 이용하는 거란다. '전기뱀장어', '전기가오리' 같은 물고기는 먹이를 사냥하기 위해 순식간에 강한 전기를 내기도 해.

그런데 또 물고기 중에는 몸의 일부를 사용해서 사람이 들을 수 있

▼ 전기뱀장어(왼쪽), 전기가오리(오른쪽)는 몸에서 전기를 내는 물고기들이야.

156

는 소리를 내는 것도 있어. 바로 '성대'라는 물고기야. 성대는 전 세계의 따뜻한 바다에서 살아가는 물고기로, 몸길이가 40센티미터 정도 돼. 배 속의 위장을 강한 근육으로 눌러 개구리 울음소리 같은 소리를 내는데, 이 소리는 공기가 들어 있는 부레에 의해서 더 커지지.

▲ 성대의 가슴지느러미는 맑은 청색을 띠고 얼룩점이 있어.

그럼 물고기는 소리를 어떻게 들을까? 사람의 속귀와 비슷한 역할을 하는 몸의 옆줄로 물속의 진동을 느껴 소리를 알아내거나, 부레와 속귀를 연결하는 작은 뼈를 통해 소리를 듣는단다.

몸 색깔로 의사소통을 하는 바다 동물들

◀ 오징어는 자신의 몸 색깔을 잘 바꾼단다.

상어는 전기장을 구별하는 기관을 통해 먹이를 알아낼 뿐만 아니라, 다른 상어의 성별, 몸 크기 등을 알아내어 짝짓기에 이용하기도 한답니다.

전기나 초음파를 발생시키거나, 소리를 내어 의사소통을 하는 바다 동물이 있는가 하면, 자신의 몸 색깔을 바꾸어 감정을 표현하거나 의사소통을 하는 바다 동물도 있어. 그 대표적인 동물이 오징어야.

오징어는 주위 환경에 맞춰 몸 색깔을 바꾸는데, 특히 짝짓기를 할 때쯤 되면 몸 색깔을 화려하게 바꾸어 자신을 알려. 또 쥐치 무리 중 우두머리 쥐치는 다른 쥐치들에 비해서 좀 더 선명하고 어두운 갈색의 몸 색깔을 하고 있어서 자신이 우두머리라는 것을 알린단다.

고사성어 다시 읽는 34

유비무환(有備無患)
준비가 잘되어 있으면 근심이 없다

중국 춘추 시대 진(晉)나라의 왕 '도공'은 '사마위강'이라는 신하를 믿고 아꼈어. 사마위강은 유능할 뿐 아니라, 누구에게나 공정하게 법을 적용하는 사람이었거든.

정(鄭)나라가 송(宋)나라를 쳐들어오자, 송나라는 진나라에게 도와달라고 했어. 진나라 왕 도공은 다른 12개의 나라들과 힘을 합해 사마위강으로 하여금 정나라를 공격하도록 했지.

위협을 느낀 정나라 왕은 진나라 왕에게 화해하자고 청했어. 진나라가 정나라의 화해를 받아들이자, 정나라 왕은 진나라에 병기와 악사 등 많은 보물을 선물했지.

진나라 왕 도공은 신하인 사마위강의 공을 높이 샀어.

"이번 일은 그대의 공이 크다. 정나라에서 받은 보물들을 그대에게 상으로 주고 싶네."

도공의 말에 사마위강이 이렇게 말했어.

"저는 상을 받지 않겠습니다. 옛말에 편안할 때일수록 위태로울 때를 생각하라고 했습니다. **유비무환**이니, 늘 대비하면 걱정이 없을 것입니다."

사마위강의 말에 도공은 당장의 승리에 취해 있던 자신을 반성했단다.

유비무환은 어떤 일이든 미리미리 대비하면 크게 걱정할 일이 없다는 뜻이야. 나중의 어려움을 대비해서 미리 준비하고 있는 일이 있니?

* 유비무환 : 有(있을 유) 備(갖출 비) 無(없을 무) 患(근심 환)

푸름 박사의 생태 이야기
미리미리 대비해서 꼼꼼히 집을 짓는 새가 있다고?

▶ 집을 짓고 있는 바우어새(위)와 완성된 바우어새의 집(아래)이야.

새 중에서 '유비무환'이라는 말이 어울리는 새가 있어. 오스트레일리아와 파푸아뉴기니에서 사는 바우어새가 바로 미리미리 준비하는 새야. 뭘 준비하냐고? 바우어새 수컷은 암컷을 부르기 위해 아주 특별한 집을 짓거든. 물론 대부분의 새들이 번식을 위해 집을 짓기는 하지만, 바우어새는 다른 새들과 달리 땅에다가 작은 어린아이가 들어갈 만한 크기로 집을 지어. 게다가 집 짓는 솜씨가 보통이 아니라서 '정원사 새', '정자새'라는 별명이 있을 정도야.

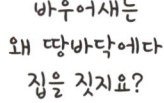
바우어새는 왜 땅바닥에다 집을 짓지요?

바우어새 수컷은 나뭇가지와 막대 등을 부리로 물어다 뾰족한 모양의 정자를 지어. 그리고 그 주변을 온갖 물건으로 장식하는데, 마구 늘어놓는 게 아니라 색깔과 위치, 각도 등도 적당하게 배치해. 작은 열매 같은 것을 씹어서 벽에 붙이기도 하지. 이렇게 화려하게 집을 짓고, 멀리서 자기가 지은 집을 확인하기도 한단다.

이렇게 꼼꼼하게 지은 집이 완성되면, 암컷 바우어새를 목청껏 부르기 시작하지. 암컷 바우어새는 수컷 바우어새가 지은 집을 살펴본 후 짝짓기를 한단다. 만약 이렇게 꼼꼼히 준비했는데도 암컷 바우어새가

▸ 바우어새 수컷(왼쪽)과 암컷(오른쪽)의 모습이야.

오지 않는다면, 암컷 바우어새가 올 때까지 다시 새롭게 집을 꾸며.
　바우어새는 모두 20종 정도가 되는데, 대부분의 바우어새 수컷이 이렇게 화려한 집을 짓는단다.

비슷하게 생겼지만 겨울을 다르게 대비하는 동물

다람쥐 같은 동물은 겨울을 대비해서 도토리를 잘 모아 두어. 그리고 땅속에 저장해 둔 다음, 겨울잠을 자다가 배가 고파서 깨면 저장해 두었던 먹이를 먹고 다시 잠을 자.

다람쥐와 매우 비슷하게 생긴 청설모는 땅에 굴을 파고 사는 다람쥐와 달리 나무 위에 집을 짓고 살아. 그리고 청설모는 겨울잠을 자지 않는단다. 대신 여름보다 두 배 정도 길게 자라는 털과 겨울에만 귀 부분에 자라는 긴 털이 일종의 대비책이랄까? 청설모도 다람쥐처럼 도토리 같은 식량을 땅속에 묻어 두기도 하는데, 다람쥐나 청설모나 먹이 숨겨 둔 것을 대부분 찾지 못한다고 해.

바우어새가 서식하는 파푸아뉴기니 지역은 새를 노리는 고양잇과 동물 등의 천적이 없기 때문이지요.

◂ 다람쥐(왼쪽)와 청설모(오른쪽)야.

다시 읽는 고사성어 35

일엽지추(一葉知秋)
하나의 나뭇잎으로 가을을 안다

"어, 비 오네? 비다, 비!"

교실 창문 밖으로 떨어지는 비를 보며, 미현이네 반 아이들은 시끌시끌했어. 미현이는 아침에 할머니 이야기를 안 들었던 걸 후회했지.

"밖에 제비들이 낮게 나는 걸 보니 비 오겠네. 미현아, 우산 꼭 챙겨서 학교 가라. 응?"

미현이는 아침에 할머니 말을 대충 넘겼지.

"일기 예보에도 비 온다는 말 없었는데요? 괜히 짐 되고 귀찮아요."

수업이 끝나고 교실에서 나온 미현이는 교문 앞에서 우산을 들고 기다리고 있는 할머니를 보고 반가워했어.

"할머니, 오늘 비 올 줄 어떻게 아셨어요?"

할머니는 미현이에게 우산을 씌워 주고는 웃으며 말했지.

"**일엽지추**라고, 나뭇잎 떨어지는 것만 봐도 가을이 오는 걸 아는 법이지. 날씨가 흐리고 공기가 축축해지면 제비가 잡아먹는 벌레들은 날개가 무거워져 땅 가까이 내려오거든. 그러니 제비가 낮게 나는 거란다."

할머니의 이야기를 듣는 미현이의 눈이 동그래졌어.

"와, 할머니 정말 대단하세요!"

 일엽지추는 나뭇잎 하나가 떨어지는 것만 보고 가을을 알듯이, 한 가지 일만 보고도 다가올 일 전체를 미리 안다는 뜻이야. 또 작은 것을 가지고 전체를 파악해서는 안 된다는 뜻도 있단다.

* 일엽지추 : 一(한 일) 葉(잎 엽) 知(알 지) 秋(가을 추)

푸름 박사의 생태 이야기

가을을 대표하는 국화는 나무일까, 풀일까?

▲ 다양한 색깔과 모양의 국화들이야.

예부터 우리 조상들은 매화, 난초, 대나무, 국화를 '사군자'라 부르며 귀하게 여겼지요.

노랗게 빨갛게 물든 단풍잎, 그리고 우수수 떨어지는 낙엽은 가을이 왔음을 물씬 느끼게 하는 것들이야. 보통 꽃 하면 봄이나 여름에 활짝 핀 모습들을 많이 떠올리겠지만, 가을에 활짝 피어나 은은한 향기를 내뿜으면서 진짜 가을임을 알게 해 주는 식물이 있어. 그 주인공은 바로 '국화'야.

국화는 날씨가 서늘해져 서리가 내리기 시작하는 가을에 꽃을 피워. 국화과에 속하는 여러해살이풀로, 줄기가 곧게 자라고 1미터 가까이까지 자라기도 하지. 국화꽃은 작은 꽃들이 모여 한 송이를 이루는데, 노란색, 흰색, 분홍색, 자주색, 붉은색 등 여러 가지 색으로 피어나. 가을에 꽃을 피운 국화는 겨울에 줄기가 죽고 뿌리만 살아남는데, 이 뿌리에서 싹이 나오면서 다시 자라나는 식으로 여러 해를 살아가는 풀이야.

자연 상태에서 자라는 식물 중에서 겨울철에 줄기가 죽는 식물은 '풀'에 속해. 반면 겨울에도 땅 위의 줄기가 살아 있고 부피 생장을 해서 나이테를 만들며 몸 크기를 계속 늘리는 식물은 '나무'에 속하지. 요즘은 재배 기술이 발달했기 때문에 꼭 가을이 아니어도 국화꽃을 볼 수 있고, 분재로 집에서 개량한 국화를 심어 잘 가꾸면서 마치 나무처럼 여러 해 살기도 해. 겨울이 되어도 줄기가 죽지 않고 여러 해 살 수 있다고 해서 이 개량한 국화를 나무라고 할 수는 없겠지? 자연 상태에서는 어려운 일이기 때문에 개량한 국화라 해도 나무가 아닌 풀이란다.

국화 향기가 그윽해서 말린 꽃잎으로 차를 우려서 마시거나, 베개 속에 넣어 자기도 했지요.

국화과에 속한 풀 같은 나무

국화를 비롯해 국화과에 속하는 식물들은 대부분 나무가 아닌 풀이야. 한 해를 사는 것도 있고, 여러 해를 사는 것도 있지. 그런데 마치 풀처럼 생겼지만 나무인 것도 있어. 바로 '더위지기'라는 식물이야.

얼핏 쑥처럼 보이기도 하는 더위지기는 뿌리에서 새싹이 자라는데, 줄기에서도 새싹이 돋아나 겨울에도 살아남는 낙엽성 관목이야. 관목은 보통 줄기와 가지가 뚜렷하게 구분되지 않는 키가 작은 나무를 뜻해. 더위지기는 질병에도 효과가 있어서 약으로 쓰기 위해 일부러 기르기도 하는데, 어린잎을 말려서 차로 마시기도 한단다.

◀ 더위지기는 8월에 노란 꽃을 피우고, 11월이 되면 열매가 익어.

고사성어 36 다시 읽는

일장춘몽(一場春夢)
한바탕 봄꿈을 꾼다

옛날 중국 당나라에 '노생'이라는 젊은이가 있었어.

"아, 크게 출세해서 명성도 얻고 부를 쌓아 아름다운 부인을 맞이한다면 소원이 없겠구나."

어느 날 노생은 우연히 들른 한 주막집에서 '여옹'이라는 도사를 만나서 그에게 간절히 부탁했지.

"당신의 도술로 내 소원을 들어줄 수 있습니까?"

여옹은 미소 짓더니 노생에게 말했어.

"이 목침을 베고 눈 좀 붙이시오. 나는 밥을 짓겠습니다."

노생은 여옹의 말대로 목침을 베고 누워 깊은 잠에 빠졌지.

　노생은 어느덧 과거에 장원으로 급제하여 큰 벼슬자리에 올랐어. 그리고 벼슬자리에 오르자 재산도 날로 늘어나 큰 부자가 되었지. 또 소원대로 아름다운 부인과 혼인하여 똘똘하고 귀여운 자식들을 낳아 부귀영화를 누리며 오래오래 살았어.

　"밥이 다 되었으니, 일어나서 식사하시오!"

　여옹의 목소리에 노생은 눈을 번쩍 떴어. 모든 게 꿈이었던 걸 알게 된 노생이 중얼거렸어.

　"삶이라는 것도 어쩌면 **일장춘몽**과 같은 것이구나!"

일장춘몽은 한바탕 꿈처럼 인생의 허무함을 말할 때 쓰이는 말이야. 현재 우리가 누리고 있는 것들에 감사하고, 매사에 정성을 다한다면 적어도 허무한 삶을 살지는 않겠지?

* 일장춘몽 : 一(한 일) 場(마당 장) 春(봄 춘) 夢(꿈 몽)

푸름 박사의 생태 이야기

동물들도 꿈을 꿀까?

한바탕 꿈처럼, 때로는 꿈속의 일들이 너무 실제 상황 같아서 깨고 나서 어리둥절할 때도 있고, 묘한 기분이 들 때가 있어. 잠을 자면서 꿈을 꾸지 않는 사람은 없을 거야. 그런데 이런 생각 해 본 적 있어? 낮이든 밤이든 동물들도 잠을 자는데, 동물들도 사람처럼 꿈을 꿀까? 집에서 함께 지내는 반려동물들이 잘 때, 움찔움찔하기도 하고 뒤척이는 걸 보면 무슨 꿈을 꾸고 있는 것처럼 보이기도 해. 그런데 브리티시컬럼비아대학의 한 심리학 교수가 개도 사람과 같은 수면 단계를 겪는다는 것을 밝혀냈어.

동물들이 어떤 꿈을 꾸는지 알 수 없을 뿐, 동물들도 꿈을 꾸겠군요.

▶ (왼쪽 위에서부터 시계 방향으로) 잠자는 모습의 강아지, 코알라, 코끼리, 다람쥐야.

사람은 잠을 자면서 몇 단계의 수면 단계를 거치는데, 단계마다 '비램 수면'과 '램 수면'으로 나뉘어. 비램 수면은 아주 깊은 잠에 빠지는 상태인데 이때는 뇌가 활동하지 않아 꿈을 꾸지 않지만, 뇌가 활동하는 램 수면 상태에서 꿈을 꾸게 돼. 그런데 개들도 이런 단계를 거친다는 거야. 단, 개는 이런 각 단계로 가는 속도가 더 빠르다고 해. 개뿐만 아니라, 포유동물이나 몇몇의 새들, 파충류들도 잠을 잘 때 램 수면 단계에 이르는데, 물고기나 곤충 같은 동물들은 램 수면에 이르지 않는다고 해.

또 문어나 갑오징어 같은 연체동물은 잠을 잘 때 몸 색깔이 변하는 것을 알 수 있는데, 이때 사람이 자면서 램 수면에 이를 때의 신경 신호와 같은 것이 발견되었다고 하니 어쩌면 문어나 갑오징어도 꿈을 꾸는 것일 수 있단다.

강아지나 고양이 같은 경우 덩치가 클수록 수면 주기가 길어 오래 꿈을 꾸고, 덩치가 작을수록 수면 주기가 짧아 빠르게 자주 꿈을 꾼답니다.

독특하게 자는 돌고래들

야생의 많은 동물들은 자신을 위험으로부터 지킬 수 있도록, 잠을 자는 방식도 다 제각각이야. 특히 몇몇의 돌고래들은 독특한 방식으로 잠을 자는데, 참돌고래와 주먹코 돌고래는 오른쪽 뇌와 왼쪽 뇌가 번갈아 잠을 자. 오른쪽 뇌가 잠들 때는 왼쪽 뇌가 깨어 있고 왼쪽 뇌가 잠들 때는 오른쪽 뇌가 깨어 있는 방식으로 잠을 자면서도 항상 경계를 늦추지 않는 것이지.

파키스탄 인더스강 어귀에 사는 인더스 돌고래는 세차게 흐르는 강물에 휩쓸리지 않기 위해서 한 번 잘 때 40~60초씩 선잠을 잔다고 해. 그런 식으로 하루 동안 몇 시간을 잔단다.

▶ 주먹코 돌고래의 모습이야.

다시 읽는 고사성어 37

형설지공(螢雪之功)
개똥벌레와 눈의 빛으로 이뤄 낸 공적

옛날 중국 진나라에 '차윤'이라는 아이가 있었어. 차윤은 책 읽기를 아주 좋아해서 낮이고 밤이고 손에서 책을 놓지 않았지. 하지만 어려운 집안 형편 때문에 등불을 켤 기름을 사지 못해 밤에는 책을 읽을 수가 없었단다.

"어떻게 하면 밤에도 책을 읽을 수 있을까?"

어느 날 밤, 차윤은 뒤척거리며 잠을 이루지 못했어. 차윤은 벌떡 일어나 밖으로 나왔지.

"밤에 책을 읽지 못하니 답답하고 잠도 오지 않는구나."

한숨을 쉬던 차윤의 눈앞에 뭔가 반짝거리며 날아갔어.

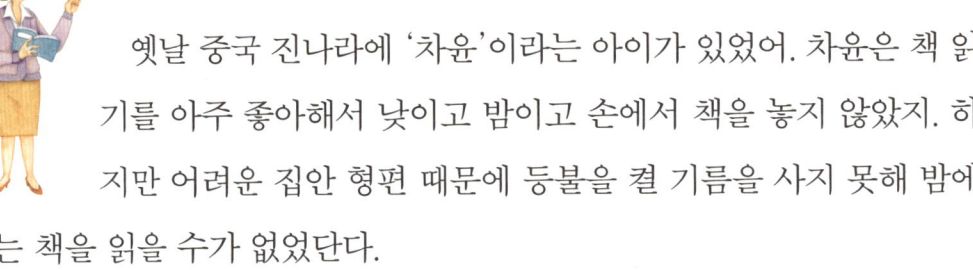

"앗, 저건 뭐지? 그래, 저거야!"

어둠 속에서 날아가던 건 개똥벌레였어. 차윤은 개똥벌레를 아주 많이 잡아서 얇게 비치는 명주 천 안에 넣고 묶었어. 그리고 명주 천 밖으로 새어 나오는 빛을 비춰 밤에도 책을 읽었지.

이 무렵, 차윤처럼 집이 아주 가난한 '손강'이라는 아이가 있었는데, 얼마나 집이 가난한지 추운 겨울에도 방에 불을 땔 수가 없었어.

"아, 밤에도 글공부를 계속할 수 있으면 좋으련만!"

손강도 차윤과 마찬가지로, 낮이고 밤이고 책 읽기를 즐기며, 글공부하기를 좋아했어.

어느 추운 겨울날이었어. 밖에는 함박눈이 펑펑 내리고, 날씨가 얼마나 추운지 방 안에 고드름까지 주렁주렁 달렸지 뭐야.

손강은 방 밖으로 나와 한탄했어.

"언제쯤이면 밤에도 글공부를 할 수 있을까?"

밖에는 하얀 눈이 소복하게 쌓여 있고, 하늘의 커다란 보름달이 하얀 눈을 밝게 비추고 있었지. 바로 그때 손강은 무릎을 탁 치며 말했어.

"그래, 달이 비치는 저 하얀 눈빛에 책을 비춰 읽는 거야."

손강은 책을 들고 밖으로 나와, 달빛에 반사된 하얀 눈빛에 글을 비춰 읽기 시작했지.

그렇게 열심히 공부한 덕에 어른이 된 차윤과 손강은 과거에 급제하고, 높은 벼슬자리에 오르게 되었어. 그리고 차윤과 손강의 이야기는 사람들 사이에 널리 퍼졌지.

"**형설지공**으로 공부한 두 사람이 높은 벼슬자리에 오르는 것은 당연하지, 암!"

사람들은 두고두고 차윤과 손강을 칭찬했단다.

 형설지공은 개똥벌레의 빛과 하얀 눈의 빛으로 공을 이룬 것처럼, 고생 속에서도 열심히 공부해서 얻은 보람을 뜻해. 아무리 어려운 환경도 포기하지 않는 강한 의지와 노력이 있다면 극복할 수 있을 거야.
* 형설지공 : 螢(개똥벌레 형) 雪(눈 설) 之(갈 지) 功(공 공)

푸름 박사의 생태 이야기

몸에서 빛을 내는 동물이 있다고?

'형설지공'의 옛이야기에 등장하는 개똥벌레는 우리가 흔히 '반딧불이'로 알고 있는 곤충이야. 반딧불이처럼 몸에서 빛을 내는 생물을 '발광 생물'이라고 하는데, 반딧불이 말고도 많은 발광 생물이 있어. 특히 깊은 바닷속에는 몸에서 빛을 내는 동물들이 꽤 많단다.

'발광눈금돔'은 눈 아래에 발광 기관이 있는데, 이 안에는 발광 세균이 잔뜩 들어 있어서 빛을 낼 수 있어. 이 세균들이 내는 빛으로 발광눈금돔은 먹잇감을 유혹하지. 전 세계의 바다에 살고 있는 '빗해파리'는 몸속에 빛을 내는 단백질이 있는데, 몸에 나 있는, 마치 빗처럼 생긴 8줄의 띠에서 화려한 빛을 내지. 다른 종류의 해파리들도 몸에서 빛을 내는 경우가 많은데, 그 이유는 적을 경계하기 위해서야.

▼ 몸에서 빛을 내는 빗해파리의 모습이야.

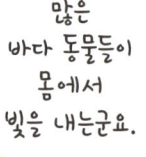
많은 바다 동물들이 몸에서 빛을 내는군요.

깊은 바닷속에 사는 '도끼고기'는 몸통이 좌우로 납작하고 옆에서 보면 도끼처럼 생겼어. 몸 색깔은 주로 은백색을 띠는데 몸체의 아랫부분에서 빛을 내. 그 색이 수면에서 내려오는 빛과 비슷해서 아래에서 도끼고기를 노리는 천적들을 따돌릴 수 있지. 도끼고기의 종류에 따라서 몸에서 엄청 환한 빛을 내는 것들도 있어.

'드래곤피쉬'도 깊은 바닷속에 사는데, 눈 아래의 빛을 내는 기관에서 붉은빛을 내서 먹잇감을 찾아. 마치 손전등과 같은 역할을 하는 거란다.

심해성 오징어는 몸에 4가지 발광기가 있어서 아주 다양한 빛깔을 뿜어낸답니다.

반딧불이처럼 빛을 내는 버섯

동물이나 식물은 아니지만, 버섯 중에 반딧불이처럼 빛을 내는 독특한 버섯이 있어. 바로 '귀신버섯'이야. 도깨비불처럼 밤에 빛을 낸다고 해서 '야광버섯', '도깨비불버섯'이라고도 부르지. 귀신버섯은 식물 뿌리나 썩은 나무에서 자라는 곰팡이인데, 1840년 영국의 한 식물학자가 처음 발견했다고 해. 낮에는 보통의 버섯처럼 보이지만 밤에는 반딧불이가 내는 빛만큼 밝은 빛을 내서 책도 볼 수 있을 정도란다. 연구자들에 의하면 이 빛을 내는 버섯은 효소를 지니고 있기 때문에 물과 산소만 충분하다면 24시간 내내 빛을 낼 수 있다고 하니 정말 신기하지?

▼ 형광 빛을 내는 귀신버섯이야.

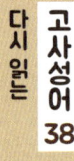

호접지몽(胡蝶之夢)
나비가 된 꿈

중국 전국 시대의 사상가 중 장자는 도가 사상의 대표적인 인물이야. 장자는 인간이 자연의 이치를 깨닫고 인위적이지 않은 자연과 같은 삶을 살아야 한다고 주장한 사람이지.

어느 날 장자가 얼핏 잠이 들었는데, 꿈속에서 나비가 된 거야.

"아, 몸이 이렇게 가볍고 팔랑거리다니 즐겁구나."

나비가 된 장자는 팔랑팔랑 이 꽃 저 꽃으로 날아다녔어.

예쁜 꽃들 사이를 신나게 날아다니다가 문득 눈을 번쩍 뜨게 되었지.

"앗! 나는 나비가 아니었던가? **호접지몽**이라, 내가 나비가 된 꿈을 꾼 것인가? 아니면 나는 나비일지도 모른다. 그렇다면 지금은 나비가 사람이 된 꿈을 꾸고 있는 것일지도 모르겠구나."

장자는 모든 것의 바탕은 자연에 있으며, 자연과 융화하면 자유로운 삶을 누릴 수 있다고 했단다. 나비의 꿈 이야기는 그러한 장자의 사상을 잘 나타내고 있어.

호접지몽은 장자가 나비가 되어 날아다니던 꿈처럼, 나와 자연이 한 몸이 된 물아일체의 경지를 뜻해. 우리는 모두 자연의 일부라고 할 수 있어. 그렇기 때문에 더욱 자연을 소중히 여겨야 해.

* 호접지몽 : 胡(오랑캐 호) 蝶(나비 접) 之(갈 지) 夢(꿈 몽)

다른 곤충과 한 몸이 되는 동물이 있다고?

▶ 사마귀의 몸에서 연가시가 빠져나오는 모습이야.

연가시는 어떻게 자신이 기생하는 곤충의 뇌를 조종하지요?

'나비가 되는 꿈'이라는 고사는 자연과 내가 하나가 된다는 '물아일체'의 경지를 뜻한다고 했지? 물아일체는 어떤 대상과 대상이 구별 없이 하나로 조화를 이룬다는 것을 뜻해. 그런데 어떤 동물은 다른 곤충의 몸속으로 들어가 물아일체를 이루기도 해.

'연가시'라는 기생충은 사마귀, 여치, 메뚜기, 귀뚜라미, 땅강아지, 먼지벌레 등의 곤충이나, 달팽이, 갑각류 등의 몸속에 들어가서 마치 자기 몸처럼 조종을 하거든. 연가시는 기다랗고 가느다란 철사처럼 생긴 벌레로, 10센티미터부터 1미터짜리까지 몸 크기도 제각각이고 그 종류도 다양해. 연가시는 '철사벌레'로 불리기도 하지. 연가시의 알은 기생하는 곤충의 몸속에서 부화하고, 그 안에서 곤충의 영양분을 빼앗아 먹으며 성장하다가 어른벌레가 되면 곤충의 몸에서 빠져나와 물속으로 들어가 다시 산란을 준비해.

그런데 좀 섬뜩한 것은 곤충의 몸에 기생한 연가시가 자신이 기생한 곤충의 뇌와 신경 마디를 지배하기 때문에, 곤충의 신경을 자극해서 곤충이 물가로 가도록 한 다음에 물속으로 뛰어들게 만든다는 거야. 이때 곤충이 물속에 빠지면 연가시는 자신이 기생했던 곤충의 몸을 뚫고 나와서 물속에서 짝짓기와 산란을 준비하는 거지. 그리고 연가시가 빠져나간 곤충은 결국 죽게 된단다.

자신의 산란을 위해 다른 곤충의 몸 안에 들어가 그 곤충과 한 몸이 되어 기생하고 그 곤충의 뇌까지 조종하다니, 곤충에게는 위협적인 연가시의 생존 방식이지?

연가시의 천적

긴 철사같이 생긴 연가시가 다른 생물의 몸에 기생하고 다른 생물을 조종한다는 게 무섭게 느껴지기도 하겠지만, 어찌 보면 서로 먹고 먹히는 생태계에서는 당연한 일일지도 몰라. 그렇다면 연가시는 천적이 없을까? 연가시를 잡아먹는 동물로는 물고기, 개구리, 도롱뇽, 가재 등이 있는데, 일본의 한 논에서는 물방개의 애벌레가 연가시를 사냥하는 모습이 발견되기도 했어. 이는 처음으로 연가시를 잡아먹은 곤충의 사례라고 해. 물방개는 다른 곤충뿐 아니라, 어류나 양서류, 갑각류 등을 잡아먹는 식성이 좋은 곤충이야. 물방개 애벌레는 죽은 동물뿐 아니라 살아 있는 다른 동물을 잡아먹기도 한단다.

▲ 연가시를 잡아먹는 물방개 애벌레야.

연가시가 어떻게 곤충의 뇌를 조종하는지 아직 정확히 밝혀진 바는 없어요. 연가시는 곤충이나 갑각류 외에 사람이나 가축, 식물 등에 해를 끼치지는 않는 것으로 알려져 있답니다.

다시 읽는 고사성어 39

화룡점정(畵龍點睛)
용 그림에 눈동자 점

　옛날 중국 남북조 시대 양(梁)나라에는 그림 그리는 재주가 아주 뛰어난 '장승요'라는 이가 살고 있었어. 어찌나 솜씨가 좋은지, 동물을 그리면 마치 살아 있는 것처럼 생생했지.
"아마 나라 전체에서 가장 그림을 잘 그리는 화가일 거요."
"그림 하면 장승요지!"
　장승요는 사람들 사이에서도 아주 빼어난 화가로 소문이 자자했지. 그러던 어느 날 '안락사'라는 절에서 장승요에게 그림을 그려 달라고 부탁했어.
"우리 안락사 벽에 용 그림을 그려 주시오."

장승요는 안락사 벽에 용을 그려 넣기 시작했어. 하루가 지나고 이틀이 지나고, 꽤 많은 시간이 흘러 장승요는 드디어 용 네 마리를 모두 그렸지. 용은 꿈틀대며 금방이라도 하늘을 날아오를 것처럼 생생해 보였어. 그런데 이상한 게 하나 있었어.

"왜 용의 눈동자를 그리지 않은 겁니까?"

안락사 사람이 장승요에게 묻자, 장승요는 이렇게 답했지.

"만약 용의 눈동자를 그려 넣는다면, 그림 속의 용이 하늘로 날아올라가 버릴지도 모르기 때문에 그리지 않았습니다."

장승요의 말에 안락사 사람은 웃으며 말했어.

"그림 솜씨가 빼어난 것은 알겠소만, 용의 눈동자를 그려 넣는다고 해서 용이 하늘로 날아갈 리는 없지요. 그런 허황된 이야기를 믿으라는 말입니까? 용의 눈동자가 없어서 그림이 완성되지 않은 듯 보이니, 눈을 그려 그림을 완성해 주시오."

장승요는 어쩔 수 없이 다시 붓을 들고, 용의 눈동자를 그리기 시작했어. 그런데 용 한 마리에 눈동자를 그려 넣자마자, 신기한 일이 일어났어.

"콰르릉, 번쩍!"

갑자기 천둥이 치고 하늘이 번쩍 하더니 눈동자를 그려 넣은 용이 벽에서 튀어나와 하늘로 올라가는 게 아니겠어?

"아니, 이럴 수가……!"

안락사 사람들은 놀라 입을 다물지 못했어.

"**화룡점정**으로 진짜 용이 완성되었구나."

눈동자를 그려 넣지 않은 용들은 벽에 그대로 남아 있었다고 해.

 화룡점정은 용 그림에 눈동자를 그려 완성하듯이, 어떤 일의 가장 중요한 마지막 부분을 끝내 완성하는 것을 뜻해. 화룡점정으로 중요한 일을 마무리했던 기억이 있니?

* 화룡점정 : 畵(그림 화) 龍(용 룡) 點(점 점) 睛(눈동자 정)

183

푸름 박사의 생태 이야기

몸에 점이 없다면 어색할 것 같은 동물이 있다고?

▶ 몸의 무늬가 제각각인 여러 종류의 무당벌레야.

무당벌레는 손으로 건드리면 등 부분을 바닥으로 향하게 해서 죽은 척을 하지요.

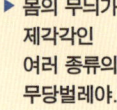

　용의 그림에 눈동자가 없다면 정말 미완성된 용의 느낌일 거야. 점 하나로 완성되는 '화룡점정'이라는 말 자체의 뜻처럼, 만약 몸에 점이 없다면 어색한 동물이 있을까? 몸에 여러 가지 모양의 무늬를 지니고 있는 동물들이 많지만, 몸에 점이 있는 동물 하면 딱 떠오르는 동물이 있니?

　동그랗고 빨간 등 날개에 검은 점이 있는 곤충. 바로 무당벌레야. 날개 무늬가 화려한 무당 옷 같다고 해서 그 이름도 '무당벌레'가 되었지. 하지만 모든 무당벌레가 빨간 등에 까만 점이 있는 건 아니야. 무당벌레도 종류가 많은데 종류마다 몸 크기도, 색깔도, 무늬도 다르거든. 빨간색을 비롯해, 노란색, 검정색, 주황색 몸에 점의 수도 두 개만 있는 것부터 수십 개가 있는 것까지 아주 다양해. 심지어는 '무당벌레'라는 이름이 무색하게 몸에 점이 없는 민무늬 무당벌레도 있단다.

무당벌레는 하루에 진딧물을 수십 마리 이상 잡아먹는 대식가라서 농사에 이로움을 주는 익충으로 여겨져. 하지만 모든 무당벌레가 진딧물을 먹는 것은 아니야. 오이, 가지, 방울토마토 같은 농작물의 잎을 먹어 치워서 농사를 망치는 '이십팔점박이무당벌레'도 있어. 이렇게 풀을 먹는 무당벌레는 등의 점이 짝수로 나 있고, 진딧물을 먹는 다른 무당벌레의 등이 매끈거리는 것과 달리, 털이 난 것처럼 거칠어 보인다는 특징이 있어.

무당벌레는 고약한 냄새와 쓴맛이 나는 보호액을 뿜어서 새와 같은 적으로부터 자신을 보호한답니다.

점무늬가 있는 꽃

동물만 몸에 무늬가 있는 것은 아니야. 식물들 중에서 점무늬를 가지고 있는 꽃들이 있어. 백합과에 속하는 '참나리'는 산이나 들에서 볼 수 있는 여러해살이풀로, 7~8월에 피어나 여러 개의 꽃잎이 아래를 향해 달리는 식물이야. 누르스름한 붉은색 꽃잎에는 검붉은색 점무늬가 있지.
붓꽃과에 속하는 '범부채'도 꽃에 짙은 점무늬가 있는 식물이야. 범부채는 전국의 들에서 자연적으로 자라거나 일부러 심어 기르는 여러해살이풀로, 7~8월에 피어나는 꽃은 황적색 바탕에 짙은 점무늬가 있지. 참나리나 범부채는 관상용으로도 많이 심어 기르는 식물이란다.

◀ 참나리(왼쪽)와 범부채(오른쪽)야.

다시 읽는 고사성어 40

화호유구(畫虎類狗)
호랑이 그림을 그리려다 개를 닮은 그림이 되다

옛날 중국 후한(後漢)에는 '마원'이라는 장군이 있었어. 마원에게는 두 명의 조카가 있었는데, 둘은 쉽게 의리만 쫓는 가벼운 이들과 어울려 놀기를 좋아했지.

전쟁터에 나가 이런저런 근심에 잠을 이루지 못하던 마원은 두 조카를 걱정하며 그들에게 편지를 썼어.

"전에 '용백고'라는 사람과 '두계량'이라는 사람이 있었다. 용백고는 입이 무겁고 신중해 가볍게 말하지 않고 늘 겸손했으며, 항상 청렴해서 많은 사람의 존경을 받았다. 나는 너희들도 용백고를 본받았으면 좋겠구나. 두계량은 호탕하고 의리가 강해서 친구가 많던 이다. 나는 너희들이 두계량과 같은 사람이 되기를 원하지는 않는다. 너희가 용백고를 본받으려

노력한다면 성실하고 정직한 선비가 될 것이다. 고니를 그리다 보면 아무리 못 그려도 오리처럼은 보이는 것처럼 말이다. 하지만 두계량의 호탕함만 본받으려 하다가는 잘못하면 쉽고 가벼운 이가 될 수도 있다. 호랑이를 그리다 개를 닮게 되는 **화호유구**가 될 수 있으니 그를 멀리하거라."

화호유구는 호랑이를 그리려다 개를 그리게 되는 것처럼, 서투른 솜씨로 흉내 내다가 이도 저도 안 되는 상황을 뜻해. 자기 능력에 맞지 않게 큰 욕심을 낸다면 더 우스운 결과를 맞을 수도 있단다.

* 화호유구 : 畫(그림 화) 虎(범 호) 類(무리 유) 狗(개 구)

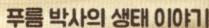

푸름 박사의 생태 이야기

자기보다 강한 적을 흉내 내는 동물이 있다고?

▶ 가분살무사는 큰 독니를 지닌 독사야.
▼ 콩고 큰두꺼비의 몸 모양과 색은 가분살무사의 머리와 비슷해.

생존을 위해 자신을 공격하는 동물로 변신하다니, 동물들의 능력은 어디까지일까요?

  자기 능력에 맞지 않게 흉내 내다가 낭패를 겪는 '화호유구'의 상황도 있지만, 동물 중에는 자신을 보호하기 위해서 자기보다 강한 적을 흉내 내는 동물도 있어.
  보통 카멜레온처럼 주변 환경과 비슷하게 몸 색깔을 바꾸거나 하는 위장술을 많이 쓰는데, 아프리카에 사는 '콩고 큰두꺼비'는 자신을 잡아먹는 '가분살무사'처럼 몸의 모습을 바꾼다는 사실이 한 연구팀에 의해 밝혀졌어. 그럼 가분살무사는 어떤 동물일까?
  가분살무사는 아프리카 사하라 이남 지역에 사는 뱀인데, 살무사 중에서도 몸집이 거대한 종이야. 큰 토끼도 삼킬 수 있을 만큼 두꺼운 몸과 독특한 무늬를 가지고 있지. 이 무늬는 나뭇잎처럼 보이기도 해서 우거진 숲에 숨어 있으면 가분살무사만의 보호색이 되어 준단다. 무엇보다 가분살무사는 강한 독을 가지고 있는데, 커다란 덩치만큼 분비되는 독의 양도 많아서, 가분살무사에게 한번 물리면 위험해질 수밖에 없어.

그런데 콩고 큰두꺼비는 이 가분살무사처럼 보이려고 몸의 모습을 바꿀 뿐 아니라, 가분살무사가 내는 소리까지 흉내 낸다고 해. 가분살무사가 공격을 하기 전에 얼굴을 들고 내는 '쉬익' 하는 소리와 비슷한 소리를 콩고 큰두꺼비도 낸다는 거야. 양서류 중에서 자신을 공격하는 적을 피하기 위해 몸의 모습을 바꾼다는 동물은 콩고 큰두꺼비가 처음이라고 해. 정말 놀라운 능력이지?

가분살무사가 살지 않는 지역의 콩고 큰두꺼비는 위장술을 쓰지 않는다고 해요.

위장술의 대가들

자신보다 강한 상대의 모습으로 변신하는 콩고 큰두꺼비도 기상천외하지만, 자기 몸 중의 일부를 다른 모양처럼 보이게 해서 적을 혼란스럽게 만들어 위험을 피하는 동물도 있어.

'올빼미나비'라는 곤충은 나무줄기에 앉아 있으면 날개 무늬가 꼭 올빼미 눈처럼 생겼어. 새들은 이것을 올빼미 눈이라고 착각하고 그냥 지나치는 거야. 또 먹을 수 없는 것처럼 변신해서 적을 피하기도 하는데, 바로 '호랑나비'가 그런 변신술을 써. 호랑나비 애벌레는 자신의 몸을 마치 새똥처럼 보이게 위장해서 새들이 그냥 지나치도록 만들고, 번데기가 되어 나무에 매달리면 매달린 나뭇가지 색에 따라 번데기의 색을 바꾼단다.

▼ 올빼미나비(왼쪽)와 호랑나비 애벌레(오른쪽)야.

찾아보기

가분살무사 • 188, 189
각다귀 • 23
감초 • 134, 135
갑오징어 • 169
강아지 • 168, 169
개미귀신 • 81
개미핥기 • 114, 115
경골어류 • 14, 15
계수나무 • 19
고릴라 • 75
고본 • 135
공작갯가재 • 92, 93
광대버섯 • 66
국화 • 164, 165
귀신버섯 • 175
귤나무 • 54, 55
금낭화 • 46, 47
긴꼬리닭 • 42, 43

긴꼬리투구새우 • 124, 125
꾀꼬리버섯 • 66
나무늘보 • 114, 115
나방 • 71
네발나비 • 84, 85
노랑초파리 • 147
논우렁이 • 124
다람쥐 • 161, 168
닥나무 • 50, 51
달팽이 • 114, 115
대왕조개 • 138, 139
더위지기 • 165
도끼고기 • 175
독가시치 • 119
돌고래 • 119, 169
드래곤피쉬 • 175
드렁허리 • 125
디스코조개 • 93

리카온 • 118, 119
무척추동물 • 14, 15
문어 • 58, 59, 169
물개 • 74, 75
물방개 애벌레 • 179
미꾸리 • 124
밀 • 110, 111
바우어새 • 160, 161
발광눈금돔 • 174
방울뱀 • 70
뱀 • 84, 85
벨벳거미 • 88, 89
별코두더지 • 70, 71
보리 • 110, 111
복령 • 67
복주머니난 • 47
봉황 • 151
부레옥잠 • 129

붉은귀거북 • 128, 129
블루길 • 128, 129
빗해파리 • 174
사마귀 • 62, 63, 178
산호 • 106, 107
상어 • 156, 157
생강 • 18, 19
성대 • 156, 157
소 • 32, 33
소금쟁이 • 71, 124, 125
소나무 • 67, 96, 100, 101
송담 • 101
송라 • 100, 101
송로버섯 • 67
송사리 • 124, 125
아르마딜로 • 114, 115
악어거북 • 128, 129
애완용 닭 • 43

엘리게이터 가아 • 128, 129
연가시 • 178, 179
연골어류 • 14, 15
오동나무 • 142, 143
오리너구리 • 71
오징어 • 157
올빼미나비 • 189
인더스 돌고래 • 169
전기가오리 • 156
전기뱀장어 • 156
주먹코 돌고래 • 169
쥐 • 75
집박쥐 • 22, 23
척추동물 • 14, 15
청설모 • 161
청소놀래기 • 107
초파리 • 146, 147
측백나무 • 96, 97, 100, 101

카멜레온 • 59, 188
코끼리 • 168
코뿔소 • 33
코알라 • 168
콩 • 110, 111
콩고 큰두꺼비 • 188, 189
탱자나무 • 55
파리지옥 • 38, 39
푸른갯민숭달팽이 • 150, 151
피라니아 • 128, 129
피파개구리 • 89
해마 • 114, 115
호랑나비 애벌레 • 189
흰점박이복어 • 80, 81